幸福の科学総裁補佐

大川紫央

Shio Okawa

いい国つくろう、ニッポン！

幸福実現党党首

釈　量子

Ryoko Shaku

本対談の収録風景（2015年2月12日、幸福の科学総合本部にて）。

写真①　釈の高校時代。「弓、命」というほど弓道に励み、インターハイを目指していた。

写真②　幸福の科学広報局に在籍時。世の中を動かそうと、社会啓蒙活動をしていた。

写真③　維新の三傑の一人・木戸孝允を祀る
木戸神社にて（山口県山口市）。

写真④　幸福実現党ポスター。政策の三本柱は「消費減税」「教育改革」「国防強化」。

まえがき

この度、幸福実現党・釈量子党首とありがたくも対談させていただく機会を得ました。折しも、今年は戦後七十年の年ということもあり、日本について釈党首とお話しさせていただけたことは、とても光栄でした。

なぜなら、釈党首は私から見ていても、本当にこの日本という国を愛し、日本という国を発展させて世界に貢献できる国にしたいと本気で思っておられる方だからです。また、この日本という国に住む私たち日本人に本当の意味で幸せを感じてほしい、充実した人生を送ってほしいと心底思っていることが分かる方だからです。そして、その実現に向けて日々全力で生きておられます。本当にまっすぐで、純粋で、情熱を持った方です。加えて、とても気さくで面白く、面倒見のよい方で、年齢や性別に関係なく、たくさんの人から好かれています。

幸福実現党。この名前のとおり、多くの人々の幸福を実現するために立ち上げられた政党です。

幸福実現党が取り組んでいることの一つが、この日本に巣食う「自虐史観」の払拭《ふっしょく》です。本当に、先の大戦は日本による侵略戦争であったのか。戦勝国による歴史認識ではなく、客観的な歴史を私たちの子や孫、そのまた次の世代へと伝えていくべきです。イエローモンキーと言われ、人種差別の対象であった日本をはじめとするアジアの国々。白人優位の植民地支配から、そんなアジアの国々を解放した戦争でした。また、日本を植民地化することなく、独立国家として存続させるための戦争でした。

私たちは、決して戦争を美化しているわけでも、礼賛《らいさん》しているわけでもありません。戦争はするべきではありません。かといって、さまざまな文化、風習、宗教を持ち、肌の色の違う民族がそれぞれ国をつくり、助け合って生きているのにもかかわらず、肌の色の違いや文明の格差により、自国であれ、他国であれ、勝手に侵略されるのを黙って受け入れることができるでしょうか。このことは、普段の生活のレベルで考えてみると、いじめられている人を見ても何もせず、見て見ぬふりをして助けなくていいのかどうか、という問題と同じです。学校では、見て見ぬふりをするのは、結局いじめているのと同じで、いけないことだと教えられることが多いはずです。

では、現代はどうか。日本は安全なのか。その答えはノーです。実際に、隣国の中国の習近平《しゅうきんぺい》国家主席は公の場で、アメリカのオバマ大統領に対し、太平洋を中国とアメリカで二分割する意思がある、と公言しています。また北朝鮮は、日本海に向かってミサイルを発射し続けています。日本が平和を望んでいても、それを望まない国があるようです。

また、幸福実現党は、「死んだら何もなくなって終わりだ」「DNAですべてが決まっている」「アメーバや猿から進化して人ができた」という唯物的進化論や、国家が国民の思想・信条・信教の自由を奪い、言論の自由を奪い、政府に批判的なことを言えば処刑される全体主義等の思想とも対立しています。それは、宗教政党である幸福実現党が、「そもそも、なぜ私たち人間という存在があるのか」「なぜ人間が生まれて生きて、自分以外の多くの人と出会い、泣いたり笑ったり愛し合ったりしながら、人生というものを過ごしていくのか」「なぜ人はこれほどまでに個性があり、男女が分かれているのか」、そういったことの理由を知っているからです。宗教とはそういうものです。その答えがあるからこそ、人々は宗教を必要とします。

宗教は決して洗脳集団でも、弱い人々が集まる集団でも、不幸な人々が集まる集団でもありません。詐欺《さぎ》をし、お金を巻き上げる集団でもありません。なかにはそのような、人々を騙《だま》す悪い宗教も残念ながら存在しますが、それが宗教のすべてでは決してありません。歴史を見ても、人が存在するところには必ず宗教があるはずです。それは宗教が、道徳や法律、哲学のさらに奥にあるものだからです。だから、私たちは宗教政党であることを誇りに思っているとと同時に、それが自信にもつながっています。

また、現在の世界情勢を見てみても、さまざまな宗教への理解なくして他国との交流をするには、極めて難しい局面を迎えています。

日本という国が大好きな方も、嫌いな方も、あるいはそんなに国のことなんて考えたことないよという方も、でも、きっと、みんなそれぞれ何か意味があって、この国に生まれてこられているのだと思います。だって、生まれた国や住む国が違えば、人生もかなり違ったものになるはずですから。

さあ、この本を手に取ってくださったあなたは、この日本という国をどういう国にしたいですか。この日本という国で何をなしたいですか。あるいは日本人というアイデンティティを持って、世界でどう生きていきたいですか。

本書が、そんなことをふと考えるきっかけとなれば幸いです。そんなことを考え始めたら、きっと〝政治〟にも少し興味が湧《わ》いてくるのではないでしょうか。

この対談では、幸福実現党とはどういう考えを持った政党なのか、そしてこの政党を率いている釈量子とはどういう人なのか、ということを知っていただく入り口の一つになればありがたいなと思ってお話をさせていただきました。

幸福実現党も釈党首も、まだまだ語り尽くせていない魅力があります。本書を一つの縁として、ここでは触れられていない幸福実現党のさまざまな考えに触れていただくことができれば、この上ない幸せです。

この場をお借りして、対談してくださった釈量子党首、また司会を務めてくださった七海《ななみ》ひろこさん、そして、このような機会を与えてくださった幸福実現党創立者・大川隆法《おおかわりゅうほう》総裁先生に心より感謝申し上げます。

二〇一五年三月　桜の咲く頃に

幸福《こうふく》の科学総裁補佐《かがくそうさいほさ》　大川紫央《おおかわしお》

目次

第1章　本気でこの国を守りたい

第2章

大東亜《だいとうあ》戦争と靖国《やすくに》問題

第3章 イスラム国とテロの問題

第4章 もっと世界に目を向けよう

コラム by 釈

第5章 幸福実現党はここが違う！

司会　七海《ななみ》ひろこ（幸福実現党財務局長）

第1章

本気でこの国を守りたい

釈党首の最新刊に寄せて

司会　今回は、「政治は難しい」「政治に興味が持てない」という方や、幸福実現党には興味がない方、あるいは「自分の問題として政治をもっと考えたい」という方に、政治を自分自身の問題として感じていただけるよう、世間で話題になっているテーマを中心に対談を進めていきたいと思います。

　さっそくですが、先日、釈党首の最新刊『太陽の昇る国――日本という国のあり方――』（幸福実現党刊）が発刊されました。紫央総裁補佐もすでにご覧になったとのことですが、一言、感想をお聞かせいただけますでしょうか。

大川紫央　はい、読ませていただきました。今回の本は、ＤＶＤも付いていて、釈さんの人柄、「釈量子とはどういう人なのか」ということが垣間見《かいまみ》られる一冊になっていると思います。

『太陽の昇る国』

私が最初に心をつかまれたのは、ＤＶＤのなかで、「釈量子を国政に送り出す会」会長の方が、「釈党首はビジュアル的にもいい。でも、心は男そのものです」と語られていたところです。この言葉を聞いたとき、釈さんのことをますます愛《いと》おしく思いました（笑）（会場笑）。

釈量子　ありがとうございます（笑）。

大川紫央　この言葉をＤＶＤのなかに入れてくるというところが、また、とてもいいですね。

釈量子　後援会長のインタビューで使えるのは、その一言しかなかったんですよ（笑）。ほかに使えるところがなくて、そこしか使えなかったという……（会場笑）。

大川紫央　でも、とても親近感が湧《わ》きましたよ。それに、本を読んでいて、「愛に溢《あふ》れた方だな」ということが伝わってきました。

釈量子　ありがとうございます。

「弓」に命を懸けていた高校時代

司会　紫央総裁補佐からご紹介のあったDVDでは、釈党首の秘蔵写真も公開されています。そのなかの何枚かを紹介させていただきます。

〔写真①〕〔巻頭口絵参照〕を取り出す）ジャン！　これは、釈党首が弓を引いている写真ですが、いつ頃のものでしょうか。

釈量子　これは、高校時代、長野県の湯田中《ゆだなか》というところで、弓道部の合宿をしたときの写真です。

弓道をしている方がこの写真を見ると、射型《しゃけい》など、突っ込みたくなるところがけっこうあると思うので、ドキドキしながら出しているんですけれども。今回、アルバムを探してみたのですが、部活中の写真はありそうで、あまりなかったんですよ。

まあ、当時は、「弓、命」という感じでやっていました。

大川紫央　かっこいいですね。やはり、魂的《たましいてき》に「弓を持て」というようなインスピレーションがあったのでしょうか。

釈量子　高校に入学したら、赤い鼻緒《はなお》の雪駄《せった》を履《は》いた先輩が、弓を持って弓道部の勧誘をしていて、それを見たとき、キュンときてしまったんです。

大川紫央　（笑）なるほど。

釈量子　それと、私が通っていた高校では、弓道部がいちばん厳しいクラブだったのですが、もともと、いちばん厳しいところに入ろうと決めていたので、迷わず入部したんです。それで、弓道を三年間やりました。

毎年、インターハイ（全国大会）に出場するような高校だったのですが、道場の改築などいろいろあって、残念ながら、私は地区大会の準優勝止まりで、インターハイには行けませんでした。

大川紫央　「弓を射《い》たとき、弦《つる》が耳に当たる」とよく聞きますけど。

釈量子　それは、下手な人ですね（笑）。弓の握り方に「手の内」というものがあり、正しい握り方をすれば、弦が耳に当たることはないです。

大川紫央　釈さんは、耳に当たりませんでしたか。

釈量子　いや、みんな、最初はそうなります。

大川紫央　上達してくると、だんだん当たらなくなる？

釈量子　はい。最初は誰でも、弦で左腕を打ったり耳を打ったりして、「シャブ中（覚醒剤中毒《かくせいざいちゅうどく》）か？」とからかわれるぐらい、青アザができるんですよ（笑）。うまくなってくると、少しずつ当たらなくなるという感じです。

大川紫央　なるほど。

釈量子　今でも、弓をやっている人を見ると、惹《ひ》かれるものがあります。過《か》去世《こぜ》でも弓をやっていたような感じがします。

弓は、センスですね。

紫央総裁補佐は剣道をされていたそうですが、かなり、お侍《さむらい》さん的でいらっしゃいますよね。

大川紫央　そうですね。私も、なぜか剣道に惹かれ、幼稚園から始めました。実家のすぐ隣が小学校で、その体育館で剣道教室が開かれていまして、仲のよい友達がソフトボールなどの〝近代的な〟スポーツのほうにいくなか、私は剣道教室に入りました。

最初、兄がその教室に入り、両親は私には「女の子だから行かなくてもいい」と言っていたらしいのですが、私が「どうしても行きたい」と言って、行き始めたそうです。それで、中学三年生までの九年間やりました。

釈量子　かなり、やり込まれましたね。ご自身にとって、精神上、何か影響はありましたか。

大川紫央　集中力がつきましたね。中学の場合、試合時間は三分ですが、勝つためには、その間、一瞬でも隙《すき》を見せてはいけないので、集中力が鍛えられました。

世の中を変えたい一心だった二十代

司会　では、次の写真にいきたいと思います。何が出てくるでしょうか。

（写真②を取り出す）はい、こちらです。なんと、新聞を掲げている釈党首の写真です。これは、どのような写真でしょうか。

釈量子　これは、幸福実現党の母体である「幸福の科学」の広報局で、社会啓蒙《けいもう》活動をしていたときの写真です。これを見て、「若いなあ」と言わないでくださいね（笑）。今とは、かなり雰囲気が違いますけれども。

司会　社会啓蒙活動というのは？

釈量子　この頃は、全国のお母様方とともに立ち上げた「ストップ・ザ・ヘアヌード運動」(※)に参加したり、議会に対する請願や陳情をはじめ、さまざまな形で声を上げていました。「勇気を持って行動しないと、世の中は変わらない」「私の責任で、日本を動かさないといけない」というような壮大な(?)気持ちで仕事をしていたように思います。

※一九九〇年代、大手出版社を中心に発刊されるようになったヘアヌード雑誌に対する抗議活動。

司会　言論を発信することによって、政治や社会を変えていこうとされていたわけですね。

釈量子　そうです。そのときの活動が、今の私の原点になっています。

木戸孝允《きどたかよし》の落書きに感動

司会　では、次の写真にいきます。

（写真③を取り出す）これは、最近の釈党首ですが、どちらの神社に行かれたときのものでしょうか。

釈量子　山口県山口市にある木戸神社です。〝維新の三傑《さんけつ》〟木戸孝允《きどたかよし》先生（※）をお祀《まつ》りしています。分かりにくいかもしれませんが、お賽銭箱《さいせんばこ》の上に、木戸孝允先生の生前のお写真が飾られています。

去年の夏、山口県の山口市と萩《はぎ》市に行きました。熱烈な明治維新ファンとしては、ＮＨＫ大河ドラマ「花燃ゆ」放映前に、ぜひとも足を運んで見ておこうと思ったのです。特に、萩市にある木戸孝允先生のご生家の柱に、落書きで「死して後《のち》、已《や》む（死ぬまで努力する）」と書かれているのを見たときは、もう、心をわしづかみされたような感覚を受けました。

吉田松陰《よしだしょういん》先生も、「士規七則《しきしちそく》」（※）のなかで「死して後、已む」ということをおっしゃっていますが、あの落書きを見たときは、もう参りましたね。

※**木戸孝允**（一八三三〜一八七七）幕末から明治初期にかけての政治家。長州出身。薩長《さっちょう》同盟を結んで倒幕運動を推進し、維新後は新政府を指導した。西郷《さいごう》隆盛《たかもり》や大久保《おおくぼ》利通《としみち》とともに「維新の三傑」と称される。

※吉田松陰が従兄弟の玉木《たまき》彦助《ひこすけ》に贈った言葉で、武士の心得七カ条。

政治を志すようになってから、維新の志士たちへの尊敬の思いは強くなるばかりです。「私も死ぬまで頑張ります」ということを誓ってきました。

大川紫央　釈さんは、『太陽の昇る国』のまえがきでも、その落書きのエピソードを紹介されていますよね。

釈量子　はい。

大川紫央　確かに、落書きで「死ぬまで努力する」というふうに書くのは、すごいですね。

釈量子　そうなんですよ。木戸先生のご生家に行くと、子供のときの手習《てなら》いなど、いろいろなものが残っているのですが、とにかく、レベルが高すぎて……。

木戸孝允の落書き
右から「死而後已」

大川紫央　なるほど。

釈量子　ちょっと、反省しながら出てくるという感じになりました。

大川紫央　分かるような気がします。

ハンナ・アーレントについて

司会　今もまた明治維新のような変革期にきているのかと思いますが、お二人には、好きな偉人、あるいは、世の中を変えていくにあたり、何か感じる方はいらっしゃいますか。

大川紫央　私は、明治維新の志士もとても好きですけれども、今は、政治関係の偉人ではハンナ・アーレント(※)に惹かれています。

アーレントの思想は難しいので、私もすべて理解できているわけではなくて、分かるのは一部なんですが、一、二年前に伝記映画の「ハンナ・アーレント」を観たとき、「すごくかっこいいな」と思って、しびれたんです。

アーレントは、「アイヒマン裁判」という、ユダヤ人を強制収容所に送った人の裁判を見て、「この人は悪魔というわけではない。上からの命令に背《そむ》かずに、ただ命令を実行しただけである」ということを見抜き、普通の人でも、一定の立場に立ったときに大きな悪をつくり出すことがあるとして、「悪の凡庸《ぼんよう》さ」という言葉を使っています。

生き残ったユダヤ人の方々が、恨みや悲しみ、悔しさなどのいろいろな感情を持ってその裁判を見ていたなか、そこまで本質を見抜くというのは非常に難しかったはずです。アーレント自身はユダヤ人であったにもかかわらず、そうした感情に流されることなく、冷静に本質を見抜いていて、すごいと思いました。

※ハンナ・アーレント
(一九〇六~一九七五)

ドイツ出身の政治学者・哲学者。著書に『全体主義の起源』『イェルサレムのアイヒマン』などがある。

アーレントがその意見を発表すると、長年付き合っていた友人たちはどんどん離れていくのですが、それでも信念を曲げずに、主張を変えませんでした。こうした姿を映画で観て、すごく心が震えました。

釈量子　私も、その映画は観ました。「真理を探究し、自説を曲げない」という点では、ギリシャの哲学者ソクラテス(※)と同じような方だったと思います。

大川紫央　そうですね。

釈量子　真理に命を懸けている凄《すさ》まじさというか、強さを感じます。「これが『思想の人』なんだ」というインパクトがありますね。

大川紫央　アーレントの思想のキーワードは、「自由」と、多様な価値観を認める「複数性（プルラリティ）」と、その前提に流れている「愛」だと思

※**ソクラテス**（紀元前四七〇頃～同三九九）古代ギリシャの哲学者。「哲学の祖」とも言われる。アテネにて、客観的真理の実在と知徳合一を説き、人々に問答法によって「知」の本質を教えたが、青年に害悪を及ぼしたなどとして死刑判決を受け、毒杯を仰いで刑死した。

いますが、そういうところに心がとても惹かれます。

釈量子　アーレントの哲学は、大川隆法《おおかわりゅうほう》総裁が学生時代に研究論文で取り組まれたものでもあると聞いていますので。

政治の根底に愛を

大川紫央　明治維新の話から脱線してしまって、すみません（笑）。

司会　いえ、愛や信念、志というのは、偉人が共通して持っているものかと思います。

大川紫央　そうですね。明治維新の志士たちを見ると、やっぱり根底に愛があって、「本気で、この国を変えて、国民を守りたい」という思いがありますね。そういうところは、どの国であろうと変わらず、偉人たちに共通しているのかなと思います。

釈さんの本を読んだときも同じことを感じました。心に響いてくる言魂《ことだま》がいっぱい入っていて、とても感動しました。

釈量子　ありがとうございます。

司会　釈党首の本の話が出ましたが、改めて、紫央総裁補佐から、釈党首の素晴らしい点や、「ほかの政党の人たちとはここが違う」というところがありましたら、お聞かせいただけないでしょうか。

大川紫央　先ほど、「心は男そのもの」という……、何度も言ってすみません（笑）（会場笑）。そういう話もしましたが、前作の『命を懸ける』（幸福実現党刊）と、今回の『太陽の昇る国』を読ませていただいて、共通して、

「釈さんは、やはり男らしいだけではない」と強く感じました。

もちろん、男の人のようにかっこいいところもありますが、釈さんは本気で「この国を守りたい」と思っていて、本を読んでいると、「私も国民の一人として、釈さんに愛されているな」という感じがしてきたんです。

『太陽の昇る国』の最初に、釈さんと、七海《なな み》ひろこさん、湊侑子《みなとゆう こ》さん（幸福実現党兵庫県本部副代表）の鼎談《ていだん》が載っていますよね。そのなかで、「『国防女子』というのも流行《は や》っていますが、幸福実現党は、女性党員が非常に多いですよね。守るということは女性にとって本能的なものだし、女性を強くするようです」という湊さんの発言に続けて、釈さんが、「確かに、愛が強さに転じたら、きっと『守る』という形になりますね」と語られていました。

この一文が、釈さんのことを本当に言い表しているなと感じました。

釈さんのなかに、女性としての強みでもある「愛」があるゆえに、「日本を守りたい」とか、「子供たちをよりよく育てたい」とか、「世界を導きたい」とかいう思いが、私たちにもすごく伝わってくるのだと思います。

今いる政治家のなかには、こういう方はいないのではないでしょうか。釈さんのような方に国を引っ張っていってもらえたら、どれほどありがたいだろうかと思いました。

釈量子　やはり、政治の根底に「愛」を持っていきたいですね。

司会　こちらのポスター（写真④）は、柔和《にゅうわ》な釈党首の顔に、「安心して子供を育てられる国へ」というコピーが入っていて、そういった釈党首の「愛」が表れているように思います。

釈量子　下に、「消費減税」「教育改革」「国防強化」と、政策の三本柱が書いてありますが、これを大和《やまと》言葉で表したら、「安心して子供を育てられる国へ」となったんです。

『幸福実現党宣言』と『政治の理想について』

司会　釈党首は、本などを書いたり、人前でお話ししたりする機会が多いと思いますので、インプットもたくさんされていると思います。もし、好きな作家や好きな本があれば、教えていただけないでしょうか。

釈量子　毎日持ち歩いているのは、『幸福実現党宣言』（大川隆法著、幸福の科学出版刊）です。今、暗記をしようと思っているところです。

大川紫央　すごいですね。

釈量子　私は二〇一二年の衆院選で初めて選挙に出たのですが、厳しい現実と直面して少し気持ちが落ち込んでしまい、選挙のあと、気分転換もかねて中国へ視察に行ったんですよ。

『幸福実現党宣言』

北京、上海、広州《こうしゅう》、瀋陽《しんよう》と旅したときに、大川隆法総裁の『幸福実現党宣言』と『政治の理想について』（幸福の科学出版刊）の二冊を持っていきました。特に、『政治の理想について』で自由と革命について説かれているところ……、ちょうど先ほど出たハンナ・アーレントの哲学に通じるところですが、このあたりを、〝中国版〟の新幹線や飛行機に乗っている間、繰り返し読みました。そうやって旅をするなかで、大きくつかんだものがあったんです。

それから、旅の途中、出会った方に「猛女《もうじょ》だ」と言われたこともあったんですよ。

大川紫央　初めて会った方ですか？

釈量子　初めて会った方です。ただ、中国語に翻訳された大川隆法総裁の著作を読んでいる人だったので、インターネットか何かで情報に接し、たまたま私のことを知っていたのかもしれません（※）。

『政治の理想について』

※大川隆法総裁との対談が『猛女対談　腹をくくって国を守れ』（大川隆法著、幸福実現党刊）として発刊されている。

外国で、大川総裁の著作を読んでいる人に出会ったことで、「私たちが頑張ることは、世界の人々の希望にもなるのではないか」ということを感じたのです。

ハート・ブレイク（失意）のときに、この二冊とともに歩いたので、もう、頬《ほお》ずりしたいような感じの本です。

大川紫央　（笑）

釈量子　大川隆法総裁以外の本では、歴史小説が好きです。最近は、塩野七生《しおのななみ》さんの十字軍をテーマにした〝太巻き〟の小説を読み返したりしています。あとは、いろいろな本をご飯代わりに〝食べて〟います。

大川紫央　（笑）日々、進化されているんですね。

釈量子　いや、まだまだです。大川隆法総裁のお姿を見て、いつも「これでは駄目だ」と感じています。

大川紫央　大川隆法総裁のご精進のレベルは高すぎます。

釈量子　ええ。目標とするには高すぎるかもしれませんが、少しでも近づいていきたいなと思っております。

司会　そう言えば、私の携帯電話のなかには、釈さんが『幸福実現党宣言』に頬ずりをしている写真があります。

大川紫央　（笑）ぜひ、あとで見せてください。

コラム by 釈

政治のバックボーンには哲学が必要

対談のなかで、紫央総裁補佐の尊敬する偉人としてハンナ・アーレントが挙げられました。アーレントは、アイヒマン裁判を傍聴して、自主的な判断力を持たない人間が重用され、大量虐殺を命じるまでに至る「全体主義」に潜む恐ろしさを「悪の凡庸さ」と表現し、警鐘を鳴らしたわけですが、気をつけなければならないのは、「正しさとは何か」「善とは何か」ということを考えるのをやめてしまったとき、私たち自身も、大きな罪を犯しうるということです。

例えば、ナチスを見れば分かるように、全体主義は、普通選挙を行う民主主義からも生まれています。民主主義の下《もと》でも、自由な言論、自由な学問、自由な政治活動が奪われるような方向に行き始めたら、全体主義に近づいている可能性があるということです。

大川隆法総裁は『政治哲学の原点』のなかで、民主主義の中心的な担い手になるべき人々は「Thinkable Man（考えることができる人）」であるとしています。全体主義は、こうした「Thinkable Man」を排除する道であり、多くの「アイヒマン」を生むのです。

日本的な「長いものに巻かれろ」式の発想をしたり、「空気」の支配のなかで考えることをやめたとき、「自由」は死んでしまいます。その意味で、「自由」の原点である人間の「複数性《プルラリティ》」を重視するアーレントの思想は、現代日本にこそ必要なものと言えるでしょう。

このように時代の制約にとらわれない自由な思想を生み出す人は、偉人のなかでも「格」が違うように感じますが、私が尊敬する思想家は、一八九九年にウィーンで生まれた経済学者、哲学者のF・A・ハイエク（※）です。

ハイエクは、「自由はそれ自体が最高の政治目的である」「国家は、何事においても個人に自由を与えなければならない」「保障への要求

※F・A・ハイエク
（一八九九～一九九二）
オーストリア生まれの経済学者、思想家。経済学、政治哲学、法哲学、さらに心理学にまでわたる多岐な業績を遺す。ナチスなどの全体主義を批判した。

が、自由を脅《おびや》かすものとなりうる」と述べて、政府による介入や法律上の制約を最低限にし、個人の自由の領域を拡大すべきだという「自由の哲学」を打ち出しました。そして、その自由の敵となる社会主義、全体主義と生涯戦い続けました。

そのハイエクの哲学を基に、新自由主義的な経済政策を推し進めたのが、「鉄の女」と呼ばれたマーガレット・サッチャーです。

一九六〇～七〇年代のイギリスは、「ゆりかごから墓場まで」という社会保障制度の充実や基幹産業の国有化などの社会主義的政策を進めたことで、国民の労働意欲、社会的活力が低下し、「イギリス病」と呼ばれる長期的な経済停滞に陥りました。七九年に首相に就任したサッチャーは、そうした社会主義的政策に歯止めをかけ、国営企業の民営化や規制緩和を断行することで、イギリス経済を復活させました。

政治のバックボーンには哲学が必要です。戦後七十年間、日本は政治に哲学がないまま進んできました。そのため、政治的方針に筋が通らず、未来が見えない不安が続いているのではないでしょうか。

哲学がない政治は、目先の問題だけにとらわれ、選挙の票欲しさに、努力しなくてもお金を得られるバラマキ政策や、家族の面倒を見なくてもよくなる社会福祉政策などを打ち出します。しかし、かつてのイギリスのように、こうした政策のツケは、五年、十年経つと、深刻な国力の低下として現れてきます。なぜなら、国民から自助努力する喜びを奪い、先人や親への感謝を忘れさせ、自己中心的で生きがいのない人生を歩ませるからです。

やはり、国民が堕落に向かうのではなく、精神的成長につながるような政治を行わなければいけません。そのためには、正しい哲学、思想、宗教によるバックボーンが必要です。そして、今、その思想を編み出されているのが、幸福実現党創立者・大川隆法総裁です。

私は、この法の根源から流れ出る政治哲学を基に、サッチャーのように強く、日本を没落へ導くあらゆる敵と戦うつもりです。政治家こ

そ、未来のために戦い続けなければいけない存在であると思っていま
す。

第2章

大《だい》東《とう》亜《あ》戦争と靖《やす》国《くに》問題

常識の大逆転を起こしたい

司会　先ほど、『幸福実現党宣言』と『政治の理想について』の二書を読み込んでいるというお話がありましたが、今、釈党首がやりがいを感じていることについてお聞かせいただきたいと思います。

釈量子　私たち幸福実現党にはまだ議席がないので、いろいろな方が、いったいどんな存在なのだろうと見ていらっしゃると思いますが、「ここからですよ」と言いたいです。

今の日本に閉塞《へいそく》感を感じている人は多いと思います。そろそろ戦後から脱却しないといけないと思ってはいても、このままの延長線では何も変わらないとあきらめている人も多いのではないでしょうか。

そのようななか、幸福実現党が渦《うず》の中心になって日本に〝大逆転〟をもたらしたいと思っているんです。歴史を変えんとする面白さに賭《か》けてみようという〝男気《おとこぎ》〟のある方々は、私たちにご期待いただきたいです。「一皮剝《む》いたら、金《きん》の塊《かたまり》だ」ということを見抜くような目利《めき》きの方には、幸福実現党に注目していただきたいですね。

そのように、大逆転のドラマをともにつくっていただけるような仲間を、今、探しているところです。

大川紫央　大逆転というと、まず何を大逆転されたいですか。

釈量子　やっぱり、常識を大逆転しないと、どうしようもないのではないでしょうか。

紫央総裁補佐にとっても、「常識の大逆転」というのは、お好きなテーマではないかと思うのですが。

大川紫央　そうですね（笑）。

釈量子　引っ繰り返したいことって、例えば、どんなことがおありですか。

大川紫央　いちばんは、宗教が悪のように思われて、日陰に置かれているところです。

日本の歴史を見ると、本来、宗教はそんな扱いをされてきていないはずです。天皇陛下がおられるのも、やはり、皇室が天照大神《あまてらすおおみかみ》の末裔《まつえい》であり、かつ、ご祭祀《さいし》という宗教行事をお仕事とされているからだと思います。だからこそ、二千年を超えて連綿《れんめん》と存続しているのではないでしょうか。

そういう日本であるのに、先の大戦に負けて、戦勝国から「神道《しんとう》という宗教によって、日本は国家主義・軍国主義に走ったのだ」ということを言われ、精神的な主柱を失ってしまいました。これは、戦勝国による、ある種の洗脳です。この洗脳を解いていきたいと思っています。

巷《ちまた》では、宗教を信じていると、「洗脳されている」と言われることがあると思いますが、私たちから言わせていただくと、「そう言うあなたのほうが洗脳されていますよ」というところはありますよね。

釈量子　そうですね。

幸福実現党は靖《やすくに》国参拝をどう見る？

釈量子　特に、宗教と政治のテーマでは、毎年夏になると、首相の靖《やすくに》国神社（※）参拝をめぐってマスコミが大騒ぎします。

大川紫央　そうですね。

釈量子　中国や韓国からもいろいろ言われますが、まさに内政干渉そのもの

※幕末の嘉永六年（一八五三年）以降、国難に際して、国を守るために殉じられた方々の神霊をお祀りしている。

です。

今年四月、天皇・皇后両陛下がパラオのペリリュー島に行かれるそうです。ペリリュー島は、先の大戦のときに激戦があった地です。当初、アメリカ軍は三日ぐらいで占領できると考えていたようですが、日本軍は勇敢《ゆうかん》に戦い、二カ月半も抵抗しました。最後は「サクラ、サクラ」(※)と打電し、守備隊長の中川州男《くにお》陸軍大佐が自決するという有名なお話がありますが、そこへ訪問されるということは、両陛下には、慰霊の気持ちがおありになるのではないでしょうか。

「行政の長である総理大臣が靖国神社を参拝するか、しないか」ということで、いろいろな議論がありますけれども、やはり、天皇陛下に靖国神社へお参りいただくという、ご親拝《しんぱい》の道を開いていただけないものだろうかと思います。それを今、非常に考えているところです。

とにかく、「天皇という存在は、日本神道の神官の長であり、宗教的なもの、神話につながっている」ということを否定したら、日本の三千年の歴史は終

※「玉砕《ぎょくさい》する」ということを意味する暗号電文。

わってしまうと思います。それに対しては、強い危機感を持っています。

大川紫央　先人たちは、「靖国で会おう」と言って戦い、私たち子孫のために、この日本を遺《のこ》してくれたわけですから、「その英霊たちを祀《まつ》ったところに参拝に行くべきではない」と言うのは、非常に失礼なことではないかと思います。

釈量子　首相の靖国参拝については、政教分離の規定に反するのではないかという意見もあるようです。靖国神社に参拝することが、他の宗教や宗派の「信教の自由」を損《そこ》ねるからという理由です。

しかし、首相が「靖国神社には参拝しません」というメッセージを発信することは、信仰を持っている私たちにとっては、もはや宗教の否定になってしまっているのではないかと、考えずにはいられません。

大川紫央　そう思います。

英霊たちに感謝を

釈量子　私の祖父は、大東亜《だいとうあ》戦争に行って生きて戻ってきましたが、曾《そう》祖父は、日露戦争に従軍し、二〇三高地《にいまるさん》（※）で亡くなっています。そういう話を、位牌《いはい》を見ながら聞いたことがあります。そのような、「国や家族を守るために命を捧《ささ》げた人々に、慰霊をし、感謝を捧げる場所はどこなのだろうか」ということで、靖国神社があるんです。

軍人にも、曹洞《そうとう》宗とか、浄土真宗《じょうどしん》とか、いろいろな宗派の方々がいらしたと思いますが、宗派を問わずどこでお祀りするかを考えたときに、やはり「神様のところだ」ということになったわけです。

ですから、「靖国で会おう」と約束して散っていった方々に、きちんと感謝の思いを伝えたいですね。

※中国・遼東《りょうとう》半島にある日露戦争の激戦地。

大川紫央　戦争で亡くなった方々は、本当に「命を懸けて日本を守ろう」と思って戦ってくださったのに、亡くなったあと、あの世から日本を見てみたら、自分たちが悪いことをしたかのような感じになっていて、あまりにもひどいと思います。

釈量子　これでは浮かばれないですよね。

先の大戦では、日本にも、名もなき英雄たちが大勢いました。先ほど触れたペリリュー島には、ニミッツ提督（※）の詩とされる、「諸国から訪れる旅人たちよ　この島を守るために日本軍人がいかに勇敢な愛国心を持って戦いそして玉砕したかを伝えられよ」という言葉を刻んだ石碑《せきひ》が立っています。

これは、古代ギリシャ時代、テルモピュライの戦い（※）で、ペルシャ軍と戦って討《う》ち死《じ》にしたスパルタ兵を讃《たた》えた、「旅行くものよ、ラケダイモン（スパルタ人《びと》）に伝えよ。われらはその掟《おきて》に従いて、ここに眠りてあると」とい

※チェスター・ニミッツ（一八八五～一九六六）アメリカ海軍軍人。第二次世界大戦時のアメリカ太平洋艦隊司令長官。

※紀元前四八〇年、スパルタ王レオニダス以下三百人のスパルタ軍が、ペルシャの大軍を迎え撃ち、全滅した戦い。

う詩に通じるものですが、その詩がギリシャの地で代々語り継がれたように、私も、日本を守るために戦った日本人がいたということを、若い人に伝えたいと思います。

大川紫央　今年は、戦後七十年なので、おそらく、アメリカや中国のトップの人たちは、「先の大戦は日本の侵略戦争だった」などと、日本を悪とみなす言い方をいろいろしてくると思いますが、やはり、日本人は日本人としての誇りを持って、「そうではなかったのだ」ということをきちんと発信しなければいけません。そうしなければ、これは解決がつかないと思います。

今年は、そういう意味で大事な年になりますね。

日本は今の中国とは戦争していない

釈量子　今、中国は、「南京大虐殺」と「従軍慰安婦」に関する資料をユネスコの記憶遺産に登録申請していますが、その中身が何なのかがよく分からないまま、夏頃に可否が出るということなので、この問題を放置しておいてはいけません。

しかし、政府がきちんと対処してくれているかは非常に怪《あや》しいので、私たちがもっと声を上げなければいけないと思っています（注。幸福実現党は、「中国による『南京大虐殺』『従軍慰安婦』のユネスコ記憶遺産への申請に抗議し日本政府に万全の措置を求める署名」活動を行い、二〇一五年四月、署名を政府に提出予定）。

今年は特に、中国の反日攻勢が非常に強くなることが予想されています。例えば、九月三日の「抗日戦争勝利記念日」に軍事パレードをするということが、すでに発表されています。軍事パレードは、十年に一回、国慶節《こっけいせつ》（建国記念日の十月一日）のときに開催されてきましたが、その慣行を破った異例の開催と報じられているのです。前回は二〇〇九年の「建国六十周年」でしたから、四年前倒しです。しかし、毛沢東《もうたくとう》時代には毎年、軍事パレードをやっていたので、「そういう時代に戻ろうとしているのかな」という感じもします。

それに対して、先日、台湾から、「戦勝記念日と言っているが、日本と戦ったのは国民党（中華民国）である」という物言いがついていました（※）。

このあたりの歴史については、マスコミからも分かりやすく伝えてもらいたいと思います。

「遺憾《いかん》である」って何!?

大川紫央　これからも、日本という国を、次の世代、またその次の世代へと続けていかなければいけないと思いますが、続けていけたとしても、「日本は悪いことをしたのだ」という歴史を学びながら生きていく日本の子供たちというのは、かわいそうだと思います。

※先の大戦で、日本が中国大陸で戦った相手は、蒋介石《しょうかいせき》率いる国民党政府。大戦後、中国国内で内戦が勃発《ぼっぱつ》し、毛沢東率いる共産党が中華人民共和国を建国。敗れた国民党は台湾に逃れた。

釈量子　紫央総裁補佐は、子供のとき、学校では、どのような歴史を教わりましたか。やはり自虐史観に基づいた歴史でしょうか。

大川紫央　そうですね。私が学んだ教科書には、「南京大虐殺で三十万人が殺された」とか、「従軍慰安婦が強制連行された」とか、「軍部が独走して戦争に突入した」とか、「国の指導者たちが、Ａ級戦犯（※）として国際的に罰せられた」とかいうことが載っていました。そういう〝事実〟を教えられてきたので、「実はそうではなかったのだ」ということを知ったときは、やはり衝撃でした。

釈量子　衝撃ですよ。幸福実現党の若い党員のなかにも、本当の歴史を知り、「学校で教わったことと全然違う」と言って、びっくりする人がいます。

それから、党員のお子さんのなかには、小学生ながら作文などで、「南京大虐殺はなかった」とか、「大東亜戦争の意義」とか、ズバッと書くような

※戦後、東京裁判において「平和に対する罪」で裁かれた人のこと。なお、戦勝国が一方的に敗戦国を裁いた東京裁判は、国際法に違反しており、裁判そのものを無効とする意見も根強くある。

子もいるそうです。
ところが、今の政治家は、例えば、慰安婦について、「筆舌《ひつぜつ》に尽くしがたい、つらい思いをされた方々のことを思い、非常に心が痛む」などと言って、「やっぱり、あったのではないか」と思わせるような発言をしています。政治的に使っている言い方は、一般の人にはよく分かりません。

大川紫央 グレーゾーンの言葉が多いですよね。

釈量子 「この発言を英語にして海外に発信したら、どうなるか」ということを考えると、非常に心配なところです。
このあたりについて、本当のことを、女性目線や若者目線で分かるように明確な言葉で言う人がいなければ、日本は終わってしまうと思います。

司会 グレーゾーンの言葉というと、政治家はよく「遺憾《いかん》である」という言葉を使いますが、あれも、何を言っているのかよく分かりませんね。

大川紫央　分からないですよ。「謝っているのか、非難しているのか、どちらですか」「政府はどう思っているのですか」というところがありますよね。政治家の発言は、世界の人も聞いているわけですから、ときどき、歯がゆく感じます。

釈量子　そうですね。

映画「永遠の0《ゼロ》」大ヒットに感じたギャップ

司会　昨年は「永遠の0《ゼロ》」という映画（※）が大ヒットし、今年は、それがドラマ化されてテレビでも放映されています（収録当時）。世の中には、日本の誇りを取り戻そうとする動きもあるのかなと思いますが、そのあたりにつ

※百田《ひゃくた》尚樹《なおき》氏の小説『永遠の0』を原作とした映画。戦時中、特攻で亡くなったゼロ戦のパイロット・宮部《みやべ》久蔵《きゅうぞう》の生き様を、孫が生前の関係者に聞き歩く。

いてはいかがでしょうか。

釈量子　紫央総裁補佐は、映画「永遠の0」はご覧になりましたか。

大川紫央　観ました。学校の授業では、先の大戦中、日本軍は占領地で略奪《りゃくだつ》や暴行、虐殺といったことをしたかのように教えられますが、私が小さい頃から、ドラマや映画などでは、規律正しい軍人さんの姿とか、国のために戦いに赴《おもむ》く兵隊さんや、それを送り出す家族の姿とかが描かれていることが、けっこう多かったように思います。

また、映画「永遠の0」はヒットして大勢の人が観ましたし、ちょうど今、テレビでもドラマ化されて三夜にわたって放送されていますが、「こういうものはヒットするんだ!?」と、現実の世界と、映像の世界で日本人が受け入れているものの違いに驚きを感じます。

「永遠の0」では、日本軍人としての誇り高さというか、「散っていく」と言ったら不適切かもしれませんが、自分の命を懸けて、家族のため、日本のために戦う姿が描かれていると思います。主人公は「生きて帰りたい」「命を無駄にするな」ということを言いながらも、最後は自分よりも若い人を生き残らせて自らが犠牲になっていきました。

そういうものが多くの現代日本人の心を揺さぶるものであるのに、なぜ日本人は、「日本はひどいことをしたわけではなかった」ということが言えないのでしょうか。このギャップは少し理解しづらいです。

特攻と自爆テロの違い

釈量子　「永遠の０」を観て感動する方もいれば、そうでない方もいるわけですが、そうでない人が政治家のなかにもいるので、自虐史観の払拭《ふっしょく》には、ここを何とかしなければいけません。

大川紫央　あれを観て、感動しないわけですね？

釈量子　はい。感動しない人もいるようです。「戦争を美化している」という捉《とら》え方をするのでしょうね。特攻については、「理性があれば、ああいうことはできないはずだ」と考える人もいるでしょうし、自爆テロとの共通性を指摘する人もいるかもしれません。

しかし、日本軍は、民間人を攻撃することは一切ありませんでしたので、テロとはまったく違います。また、「統帥《とうすい》の外道《げどう》」（※）という言葉が遺っているように、最後の最後にできることは何かということで、やむをえずとった作戦なのです。

靖国神社では、英霊の遺書や家族への手紙などをまとめた『英霊の言乃《ことの》葉《は》』という冊子が頒布《はんぷ》されています。

以前、私の中国人の友人が、「靖国神社に参観に行く」と言っていたのですが、実際に行って『英霊の言乃葉』を読んだら、もうポロポロ泣けてしまっ

※あってはならない作戦という意味。特攻の生みの親とされる大《おお》西瀧治郎《にしたきじろう》海軍中将の言葉。

たそうで、帰ってきたら「参拝してきた」と言っていました。

大川紫央　そうですか。

釈量子　おそらく、当初は、日本神道を理解するのは、なかなか難しかったのだろうと思います。確かに、例えば、仏教における成仏《じょうぶつ》の原理や供養の原理とも少し違い、神道には、何でも神様にしてしまうところがあります。そこが、他の国の人たちから見ると、理解しづらいのでしょう。幸福の科学の思想とも少し違うところがありますし。

戦前の日本に対しても、世界的に理解しづらいところがあったのかもしれません。そうした宗教的な理解のなさ、あるいは人種差別が、先の大戦の悲惨さの背景には色濃くあるのだと思います。

コラム by 釈

サクラ、サクラ――ペリリュー島に残る日本人の愛

太平洋に浮かぶ「パラオ共和国」は、一九一九年、第一次世界大戦の戦後処理をする「パリ講和会議」で日本国の委任統治領になりました。一八八五年にスペインの植民地になったときは過酷《かこく》な圧政で六万人の人口が十分の一に激減。一八九九年にはドイツに売却されましたが、搾取《さくしゅ》と略奪は続きました。

ところが、三十年間の日本統治下では違いました。インフラ整備や医療整備を行い、教育政策では人種差別を行わず、日本人とまったく同じ内容を教えたといいます。今でも、子供に「クニオ」「マモル」といった名前を付ける親がたくさんいたり、ブラジャーを「チチバンド」と言うくらい、日本への愛着が残っているのだから驚きです。

さて、このパラオ共和国のペリリュー島に残る「サクラ、サクラ」

の物語は、すべての日本人が記憶に留めたい、この国の〝誇り〟です。

大東亜戦争も末期に入った一九四四年九月、米軍が押し寄せ、いよいよ決戦というなか、ペリリュー島の島民が中川州男大佐へ、「自分たちも戦わせてほしい」と申し入れをします。すると、温厚な中川大佐が激昂《げっこう》して、「帝国軍人が、貴様ら土人と一緒に戦えるか！」と一喝。島民は、これまでの友情は見せかけだったのかと落胆しつつ、退避《たいひ》のため、みな島を離れることになりました。

島民が船に乗り込み、沖に向かうそのとき、白い砂浜に日本兵が一斉に現れ、手を振って、島民たちと一緒に歌った日本の歌を大声で歌ったといいます。死を覚悟した日本兵の笑顔が目に浮かびます。島民を巻《ま》き添《ぞ》えにしないための、中川大佐の判断でした。

日本軍守備隊の死闘は世界戦史上、類を見ないものでした。しかし、米軍の圧倒的な物量の前に、十一月二十四日、「サクラ、サクラ」の打電とともに玉砕します。日本軍の戦死者は一万人以上。しかし、パラオの民間人に、死者はおろか一人の負傷者もいませんでした。

パラオは一九九四年にアメリカから独立したとき、国民投票で国旗を選びました。それが青地に黄色い月が浮かぶ〝月章旗〟です。「太陽（日本）があってこそ、月（パラオ）の輝きがある」という意味が込められ、黄色い月が少しずれているのは、日本と同じでは日本に失礼だからという敬意の表れだとも言われています。

同島での戦いは、後《のち》の「硫黄島の戦い」や「沖縄戦」に影響を与えました。こうした一連の戦いで、米軍は日本軍の強さに衝撃を受け、本土への上陸作戦を躊躇《ちゅうちょ》したと言われています。国を守る「愛の心」が、本土の何千万人もの命を救ったと言っても過言《かごん》ではありません。

大川隆法総裁は『パラオ諸島ペリリュー島守備隊長　中川州男大佐の霊言』（幸福の科学出版刊）のまえがきで、**「もし大戦中に、ペリリュー島での〝日米最強決戦〟が、アメリカのマスコミで正確に、公正に報道されていたら、軍資金集めで苦しんでいた米国は、一気に厭戦《えんせん》気分**

パラオの国旗

『パラオ諸島ペリリュー島守備隊長　中川州男大佐の霊言』

が盛り上がり、何らかの終戦工作が始まっていた可能性は高い。そして歴史に〝ＩＦ〟はないけれども、朝鮮戦争や、ベトナム戦争、イラク戦争もあるいはなかったかもしれない。米ソの冷戦や、毛沢東革命による、巨大共産主義先軍国家も成立しなかったかもしれない」と指摘しています。

戦前の日本の公明正大《こうめいせいだい》さや、愛国心、人種差別をなくそうとした大義が、多くの人に理解され、再評価されることを願ってやみません。

第3章

イスラム国とテロの問題

「イスラム国」の活動領域（2015年3月4日現在）

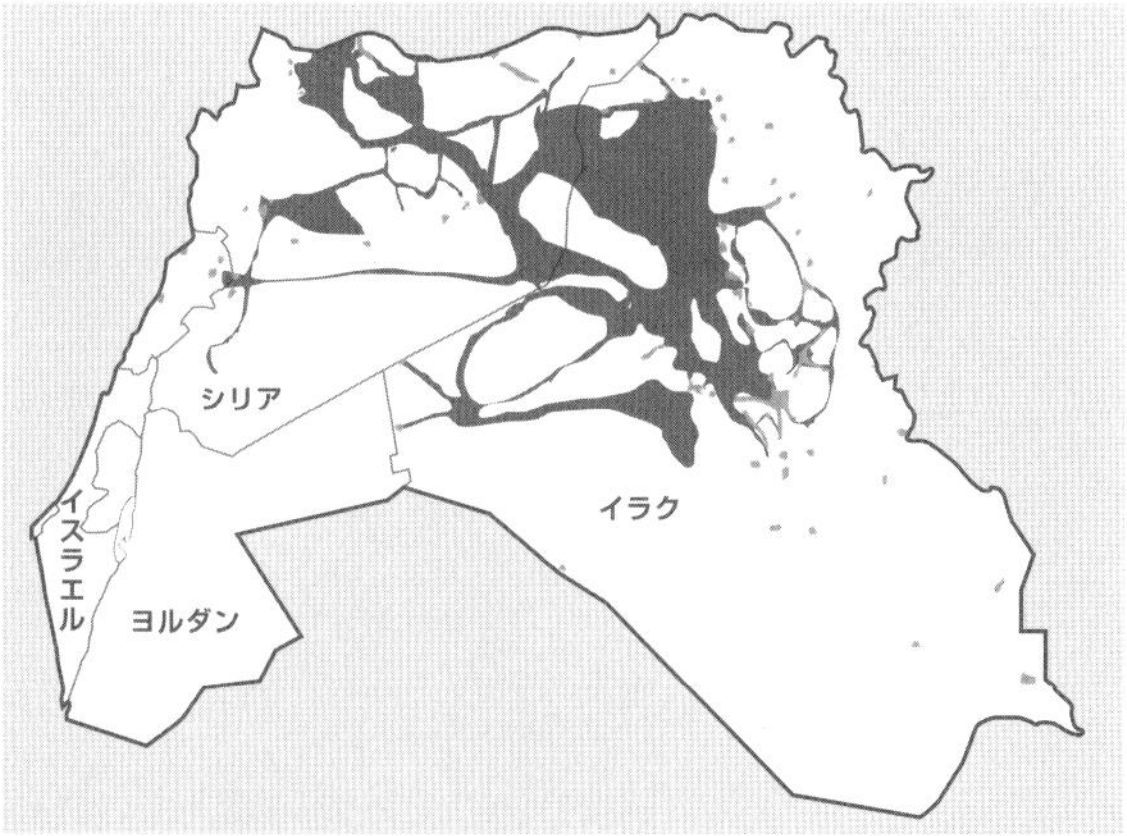

■イスラム国の支配下または影響下
■イスラム国が攻撃

参照：「Institute for the Study of War」

イスラム国問題をどう解決するか

釈量子　実は、欧米には、今でもそういうところ（宗教的理解の不足や人種差別）があるのではないでしょうか。イスラム国の問題（※）にしても、「欧米が正義で、イスラム国は悪の権化《ごんげ》」というような見方をしていますが、そこには人種差別的な価値観や宗教的な偏見も含まれていると思います。卑劣なテロを許すことはできませんが、だからといって、イスラム国の支配地域を無差別に攻撃し、大量虐殺を行うようなことがあってはならないと思います。

大川隆法《おおかわりゅうほう》総裁の著書『イスラム国〝カリフ〟バグダディ氏に直撃スピリチュアル・インタビュー』（幸福の科学出版刊）のなかでは、バグダディ霊（※）が、「イスラム国が壊滅したら、次はイランを盟主にすべく、新しい人が出てくる」と語っています。

※イスラム国は、アルカイダ系の過激派組織と旧フセイン政権の軍人らが加わって組織したと言われている。同組織は、イラクからシリアにまたがる地域を実効支配し、テロ事件、外国人の誘拐、人質の処刑などを続けている。

※同霊言は、バグダディ氏本人および守護霊の意識をリーディングして語ったもの。

ですから、数年以内にイスラム国は壊滅すると思いますが、また新たな憎しみの連鎖が生まれ、根本《こんぽん》的な解決にはならないと思います。

大川紫央　そうですね。

釈量子　実は、イランでは、日本人に対する印象が非常によいのです。以前、テレビドラマの「おしん」が放送され、視聴率が九十パーセントだったそうです。

大川紫央　九十パーセントなんていうことがあるんですか。

釈量子　はい。ちなみに、私は昔、おしん役（子供時代）の女優さんと瓜《うり》二つと言われたことがありました（笑）。

大川紫央　（笑）そういえば、『太陽の昇る国』のＤＶＤには、弓道部の写真以外にも、制服姿の高校生の写真も出てきましたが、めちゃくちゃ可愛かったです。

釈量子　その頃、おしん役の小林綾子《こばやしあやこ》さんや、山瀬《やませ》まみさんによく似ていると言われたんです。

大川紫央　なるほど。

釈量子　それはさておき、アニメの「キャプテン翼」も、イランでは視聴率六十パーセントだったそうです。また、「大統領にしたい人」をアンケート調査したら、「おしん」に出演していた泉《いずみ》ピン子さんが上位にランクインしたといいます。それが実現したら、ドラマ「渡る世間は鬼ばかり」に出演していた方々で内閣ができてしまうかもしれませんね。

大川紫央　（笑）

釈量子　そういうことを、エマミ・シュン・サラミというイラン人のお笑い芸人さんが、『イラン人は面白すぎる！』（光文社刊）という本のなかで紹介しています。こんな話を聞くと、親近感が湧《わ》きますよね。

ラマダン（断食月）のときは、日没まで食べ物だけではなく、お水も飲んではいけないらしいんです。

大川紫央　そうみたいですね。

釈量子　それでどうするのかというと、プールに入るらしいんです。その時期だけ、プールに来る人が八倍に増えたことがあるそうです。

大川紫央　でも、水は飲めないですよね。

釈量子　いや、それが、営業時間が終わったら、プールの水かさが三分の一に減っていたのだそうです。これはイランでもニュースになったらしいです。

大川紫央　（笑）プールの水を飲んでいるわけですか。

釈量子　まあ、ほかにも面白い話はあるようですが、そのように、「いろいろな国があり、いろいろな価値観のなかで人々が生きている」ということを理解することが大切だと思います。日本には「和をもって貴《とうと》しとなす」という精神が根づいていますが、それぞれの宗教が、お互いに否定するのではなく、理解し合うことが大事なのではないでしょうか。

「シャルリー・エブド」襲撃事件をどう見るか

大川紫央　今年一月、ムハンマドを冒瀆《ぼうとく》する風刺画《ふうしが》を掲載した週刊紙「シャルリー・エブド」のパリ本社が、イスラム過激派組織「アルカイダ」の関係者に襲撃される事件がありました。
この事件を見るに、「表現の自由」至上主義というか、「信教の自由より表現の自由のほうが上だ」という風潮が出ているのではないかと私は感じているのですが、釈さんはどう思われますか。

釈量子　「表現の自由は、どの自由よりも価値が高い」としてしまったら、どうなるでしょうか。一つ事例があります。
映画「アナと雪の女王」の主題歌の中国語版を歌っていた歌手・姚貝娜《ヤオベイナー》さんが、最近、三十三歳という若さで、乳癌《にゅうがん》で亡くなられました。「角膜を提供したい」というご意思があったので、そのための移植手術が行われたのですが、その手術が終わったあと、なんと、遺体を中国人のマスコミが盗撮していたといいます。それをご家族が見つけて、止めたそうです。そうしたら、その中国人が、一言、「報道の自由が制限された」と言ったという……。

大川紫央　何とも言いがたい事件ですね。

釈量子　やはり、「自分が同じことをされたらどうか」ということを考えなくてはいけないし、プライバシーの問題もあります。「何でもかんでも自由だ」といって、命よりも大事な信仰を嘲笑《ちょうしょう》されたり、否定されたりしたら、怒りますよ。

大川紫央　そうですね。宗教を理解していない人にとっては、フランスのテロ事件にしても、イスラム国の問題にしても、分からない面が多いと思います。

日本政府の対応を見ていても、「『宗教を信じる者、信仰を持つ者は、神仏に対して、どのような思いを持っているか』というところに理解がなければ、対応を間違えてしまうだろうな」ということを感じます。

表現の自由については、私も気になったので、少し調べてみました。一九六六年に国連総会で採択された「国際人権規約」のなかに表現の自由も含まれているのですけれども、完全なる自由というわけではありません（※）。「ときには、一定の制約がかかる」ということが、きちんと明記されています。つまり、国の安全にかかわるとき、道徳にかかわるとき、他の者の権利を侵害するときなどは、表現の自由も制限されなければならないということです。

※国際人権規約第十九条【表現の自由】には、「2の権利の行使には、特別の義務及び責任を伴う。したがって、この権利の行使については、一定の制限を課することができる。」と記載されている。

ムハンマドの風刺画を描《か》かれたことで、イスラム教の人たちがテロを起こしましたが、信仰者の立場からすると、その気持ちは分かる面があります。「自分が信じ、尊崇《そんすう》する対象が風刺画に描かれ、さらに、その風刺画が印刷されて全世界にばら撒《ま》かれる」というのは、やはり、耐えがたいものではあるのです。

釈量子　幸福の科学にも、かつて講談社フライデー事件（※）がありました。私が二十一歳の頃で、まだ学生のときですが、「フライデー」という写真週刊誌が当会を誹謗《ひぼう》中傷する記事を出し続けてきたので、私も立ち上がって「ノー」の声を上げ、「報道の自由には責任が伴う」ということを訴えた覚えがあります。私たちにとって信仰は、命そのものであり、親よりも大事なものですからね。

このあたりの「自由」に関する議論は、また別の機会か何かで、もっと深めていきたいところではあります。

※一九九一年、講談社が「週刊フライデー」誌上などで幸福の科学を誹謗中傷したことに対して、信者たちが抗議した出来事。

大人の国になろう

司会　イスラム国の問題については、「日本でテロが起こったらどうしよう」とか、「今年の夏は海外旅行に行けないかもしれない」とか、「『イスラム国が壊滅しても、またイランでも……』となると、世界はどうなってしまうのだろう」とか、そういう不安を感じている方も多いのではないかと思いますが、このあたりについては、どのように考えていけばよいでしょうか。

釈量子　「自国の国民は自分で守る」というのが普通の国のあり方ですが、今の日本は、「アメリカの青年たちに血を流して守ってもらう」という状態になっています。

大川紫央　そこは、私も以前から疑問に感じていました。日本はアメリカの軍隊に守ってもらっていますが、その分、アメリカの若い人たちは命を懸けてくださっているので、それについて何も思わないのは、おかしいと思います。

釈量子　そうですね。

実は、数日前、沖縄に行き、普天間《ふてんま》基地の野嵩《のだけ》ゲートで、「フェンスクリーンプロジェクト」という活動に参加してきました。沖縄では、反米軍基地活動の一環として、普天間基地のフェンスに、ガムテープで米軍に対するヘイトスピーチのような言葉を書いたりしています。フェンスクリーンプロジェクトとは、そうしたテープを取り除き、元の風景を取り戻していくボランティア活動です。それに参加して驚いたのは、とにかく汚いんです。

また、ゲートでは、平日、基地に出勤する人に向けて罵声《ばせい》が浴びせられるそうです。

米軍に日本を守ってもらっている以上、基本的に、感謝を持って接しなければいけないところですが、それを、毎日、力いっぱい罵声を浴びせたり、嫌がらせをしたりするというのは、「子供っぽい」としか言いようがありません。しかも、地元の警察がそういう行為を取り締まらないのです。これでは、法治国家ではなく、「放置国家」です。

やはり、大人の国として、普通の国として、自分の国の国民を守りに行くことぐらいはやらなければいけません。

先月、イスラム国に殺害されたお二人（※）は、自己責任ということで行かれた方々ではありますが、現在、海外には百二十六万人もの日本人がいるので、日本も、もう他人事ではないのです。

※イスラム国に人質として捕まっていた湯川遥菜氏と後藤健二氏。

中東には、日本にエネルギー資源を送るために働いている日本人もたくさんいますが、いざというときには、どうするのでしょうか。

そもそも、日本は、北朝鮮に拉致《らち》された方々を救出に行けないという問題も抱えています。

だからこそ、私たち幸福実現党は、「憲法九条を改正し、自衛隊を防衛軍にすべきである」と言っています。つまり、現実問題に対して逃げずに、何をすべきかを考え、正直にそれを訴えているのが、幸福実現党なんです。

問題を先送りしてはいけません。今はもう、「いざとなったらアメリカが助けてくれる」「このままでも、何とかなるだろう」といった〝予定調和〟では対応しきれない時代に入ってきています。国家・国民を守り抜くため、日本に起こり得る「想定外」の事態にもしっかり備えていこうというのが、幸福実現党なのです。

私たちは、「政権担当能力がないのではないか」と言われることもありますが、これからは、「本当にないのはどちらか」ということが問われる時代になると考えています。

そういう、今やらねばならないことを正直に訴えられるところが、宗教政党の強みでもあると思います。仏陀《ぶっだ》の教えの根本は、如実《にょじつ》にありのままを見るという「正見《しょうけん》」（※）です。ないものを「ある」とか、あるものを「ない」とかいうように見る目ではなく、非常にリアリスティックな目を持っておられた仏陀の精神を生かして、私たちは今やらねばならないことを先送りせず、正直に対応したいと思っています。

※釈尊が、解脱《げだつ》に到るための方法として説いた「八正道《はっしょうどう》」の一番目の徳目。

国防強化を訴える理由

大川紫央　先ほど、「イスラム教徒の気持ちも少しは分かる」と言いましたけれども、「イスラム国に住みたいか」と言われると、住みたくはありません。やはり怖いものはあります。

釈量子　それは当然だと思います。

大川紫央　それから、幸福実現党は国防を強く訴えているので、「人の命の大切さが分かっていないのではないか」とか、「戦争をしたいのではないか」とかいうことを言われることもあると思います。

釈量子　そうですね。しかし、戦争をしたいからではなく、外国による侵略の危機が高まっているから、「国民を守るためには国防強化が必要です」と主張しているだけなんです。

大川紫央　「人の命の価値」や「人間の尊厳」の本当の意味を知っているのは、きっと、目に見えないものを信じている私たちのほうです。それが、宗教政党のいちばんの強みの部分でもあると思うんです。

マスコミも政治家も、よく「人の命は尊い」と言いますが、「なぜ尊いのですか」と訊《き》いたら、おそらく答えを返すことはできないのではないでしょうか。

釈量子　そうだろうと思います。

大川紫央　しかし、私たちは、人の命の尊さの本当の意味を知っています。ですから、国防の強化を訴えているわけですが、決して、人の命を蔑《ないがし》ろにしているわけではありません。

「龍馬伝《りょうまでん》」から国防を考える

大川紫央　国防というと、最近、ＮＨＫの大河ドラマ「龍馬伝《りょうまでん》」（※）を観たんですよ。なぜか今まで観ていなかったのですが、ＤＶＤで全部観たら、福山雅治《ふくやままさはる》さん演じる坂本龍馬が、「日本も海軍を持たなければいけない。海軍を持てば、他国はそう簡単に武力行使ができなくなる。わしは戦争がしたいわけではない。戦争せずに解決するためには、こちらも武力を持っておかなくてはいけないのだ」というように言っていました。

また、その〝福山龍馬〟さんは、個人のレベルでも、「剣術を強くしておかないといけない。剣が強そうに見えると、そう簡単に襲われなくなるので、斬《き》り合いをせずに済む」というように言っていました。

こうした抑止力の考え方は、幸福実現党が言っていることと同じですよね。

釈量子　まさに、そのとおりです。私たちは、「相手に悪を犯させないために何をすべきか」ということを言っているわけですから。

※坂本龍馬の生涯を、幕末屈指の経済人・岩崎弥太郎の視点から描いたＮＨＫオリジナル作品。二〇一〇年放送。

大川紫央　「龍馬伝」を観ていて、「NHKさん、幸福実現党と同じことを言っていますよ」と突っ込みたくなりました（会場笑）。

釈量子　突っ込みたくなりますよね。

私も、「龍馬伝」で印象的なシーンが一つあります。長崎のシーンで、ある女性が、龍馬から信仰について訊かれて、「うちのすべてですけん」と言っていたところです。

大川紫央　キリシタンの芸妓《げいこ》さんでしたね。

釈量子　それをNHKさん……〝NHK様〟でも放送するのかと驚きました（苦笑）。

大川紫央　そうなんです。〝NHK様〟もちゃんと信仰をおっしゃっているんですよね。ドラマでは放送されるのに、なぜ、幸福実現党の政策は放送されないのかなと思います。

釈量子　ドラマでの話であって、自分たちとは関係がないと思っているのでしょう。現実の問題を、自分の問題として考える習慣をつけたいものですよね。

コラム by 釈

憲法九条改正——国を守るために戦う人を尊敬できる国へ

「憲法九条改正」や「防衛軍」といった言葉を聞くと、怖いイメージを持たれる方もいるかもしれません。しかし、それほど国民の思いからかけ離れたものではありません。

近年、自衛隊がさまざまなところで必要とされています。例えば、御嶽山《おんたけさん》噴火に巻き込まれた登山者の捜索、ソマリア沖などで海賊による襲撃の危険にさらされるタンカーの護衛……。最後の最後に頼りにされるのは自衛隊です。特に、東日本大震災では、自衛隊による必死の救援活動が行われ、多くの人から感謝の声が寄せられ、天皇陛下からも激励《げきれい》のお言葉がありました。

かつて、自衛隊に入るというだけで、白い目で見られた時代もありましたが、今では国民の多くが、自衛隊の真摯《しんし》な働きに心から信頼を寄せています。むしろ、北朝鮮に拉致された日本人の救出、中国船におびえる日本の漁船の安全確保、シーレーンの防衛、テロ対策など、さらに大きな役割を果たすことが望まれています。

加えて、アメリカが「世界の警察官」としての役割を放棄しつつある一方、中国は軍事力を増強し続け、南シナ海では実効支配を強化して周辺国との緊張も高まっています。

国際情勢がますます不安定化するなか、自分の国は自分で守るとともに、東アジアの安全・繁栄を守るためにも、国防の手足を縛《しば》る憲法九条の改正は急務であると考えます。

九条改正には、「衆参両議院で三分の二以上の賛成、国民投票で過半数の賛成」が必要です。これを分かりやすく言うとすれば、「国民の半数以上が、日本という国を愛し、国を守る行為を尊いと思うようになる」ということでしょう。それは、敗戦後の日本人にとっては難しいことだったのかもしれません。

しかし、戦後七十年を迎える今、世界はめまぐるしく変化し、日本にも国難が迫っています。こうした状況に目を向ければ、日本は、「国を守るために戦う人を尊敬できる国」に変わらなければいけないときが来ているように感じます。心が温かくなるような愛国心を持つ人を増やしていきたいと思っています。

第4章 もっと世界に目を向けよう

台湾や香港に見る「選挙の大切さ」

釈量子　今、日本の選挙における投票率がとても低くなっています。昨年十二月に実施された衆議院議員選挙の投票率（小選挙区選）は五十二パーセント前後で、戦後最低の数字となりました。特に、二十代前半の若い方たちの投票率が低く、三十パーセント台でした。

「投票できる年齢を十八歳まで引き下げましょう」という話も出ていますが(※)、今のままでは、「一票の尊さ」ということが、自分の問題としてそもそも分からないのではないかと思うのです。

「一票の尊さ」「選挙の大切さ」は、日本国内ではなく、隣の国の実情を見ると、よく分かります。

例えば、台湾では一九九六年の総統選挙の前、李登輝《りとうき》氏優勢の観測が流れると、中国はそれに対する恫喝《どうかつ》として台湾近海にミサイルを撃ち込みました。

※二〇一五年三月に与野党が、選挙権を二十歳以上から十八歳以上に引き下げる公職選挙法改正案を衆議院に提出。早ければ来年の参議院選挙から適用の予定。

大川紫央　選挙に対して、武力による脅《おど》しですか。

釈量子　李登輝氏は台湾の民主化を推進した方ですが、それを危険視していた中国が「軍事演習」と称して、脅迫《きょうはく》の意図をもってミサイルを発射したのです。その後、米軍が台湾海峡に空母《くうぼ》を派遣し、中国を牽制《けんせい》したので何とかおさまりました。

結局、反中感情の高まりもあって、李登輝氏が総統に当選しましたが、このように、台湾は、初めての直接選挙のときに、中国からミサイルで威嚇《いかく》されました。一票を投じるということは、本当に命懸けで、尊いものなのです。

最近では、香港の「雨傘《あまがさ》革命」がありますね。普通選挙を実施してもらえない可能性が高いことを危惧《きぐ》した香港の若者が立ち上がりました。

ちなみに、香港で行政長官を選ぶ投票権を持っているのは一部の人だけです。それなのに、若い人たちが普通選挙の実施を求め、民主化を求めて立ち上がったのです。

香港ではさらに、香港政府を鋭く批判してきた有力紙「明報《みんぽう》」の編集長だった劉進図《りゅうしんず》氏が、何者かに刃物で襲われるという事件も起きています。こうしたことから、自由がどんどん狭《せば》まっていくことに危機感を覚えて、香港の若い人たちは立ち上がっているのです。

日本の方々においては、このような近隣の状況と、自分というものをつなげて考えていただきたいと思います。そして、若い人には、どんどん外国に行って、いろいろなものを見ていただき、見聞《けんぶん》を広げてほしい。私としては、国家レベルで「天下国家を語る若者を出したい！」と思っています。

「投票権は十八歳以上」が世界の主流

大川紫央　やはり、若い人たちには、もう少し政治に関心を持っていただきたいですね。

もちろん、関心を持っている方もいると思います。私も聞いたことがあるのですが、地方では、幸福実現党の立候補者が辻立《つじだ》ちをしていると、選挙権を持たない中学生や高校生が立ち止まって、話を聞いて応援してくれることがよくあるそうですね。

釈量子　「幸福実現党の街宣車に手を振ると幸せになれる」というジンクスがあると聞いたことがあります（笑）。

大川紫央　それはよいジンクスですね。

釈量子　ただ、そういう関心だけではなく、十代の若者の政治に対する関心は、世界各国ではけっこう高いようです。

世界の約八十五パーセントの国では、投票権を持っているのは十八歳以上ということですが、今は「もっと低年齢化させよう」という動きもあります。

日本も、昔だと数え年で十二歳ぐらいから元服《げんぷく》していました。橋本左内《はしもとさない》先生（※）が『啓発録《けいはつろく》』（※）を書かれたのは十五歳のときです。十五歳にして「稚《ち》心《しん》を去れ」と書くというのは、驚きですよね。

大川紫央　確かにすごいです。

釈量子　ですから、これからは、そういう立派な若者が政治に参加していく時代になってもよいのではないでしょうか。

大川紫央　十八歳だと、親の承認は要《い》るとしても、男性も結婚ができる年齢になりますし、働かれている方もいますからね。

釈量子　はい。若くても、立派な人はいます。

※**橋本左内**（一八三四〜一八五九）江戸時代末期の志士。

※自己規範、自己鞭撻の書。五項目から成り、その一つ目に「稚心を去る」とある。

「息子と結婚してほしい」⁉

釈量子　ちょっと小耳に挟《はさ》んだ話ですが、紫央総裁補佐は、学生時代、行政書士の事務所でアルバイトをされていたと伺いました。

大川紫央　最初のアルバイトだったと思います。

釈量子　そこで、トップの方に気に入られ、「息子と結婚してほしい」ということを言われたと聞きました。

大川紫央　そうですね。確かに（笑）。

釈量子　それで、アルバイト先を変えられたと伺いました。紫央総裁補佐のあとに、その事務所でアルバイトをした吉川枝里《よしかわえり》さんという、今、幸福の科学の第五編集局長をしている方が言うには、学生時代から、とにかく、紫央総裁補佐の評判はよかったということでした。

大川紫央　本当ですか。

釈量子　ええ。ほかにも、紫央総裁補佐と同世代の若者に、学生時代の総裁補佐のことを訊《き》くと、「人格的に立派で、頭もよくて、尊敬していました」と何人も言っていましたよ。

大川紫央　いえいえ、そんなことは……。

アルバイト先の方の息子さんには会ったこともないですし……。ちょっと強面《こわもて》の方だったので、「少し怖かった」というのはありますけど（笑）。その後、授業の関係もあって、すぐ辞めなければいけなくなりました。

釈量子　そうだったんですか。私も、学生でアルバイトをしていたとき、「うちの息子と結婚してほしい」と言われたことが、一回ありました。瓶底《びんぞこ》メガネをかけた四十歳ぐらいの男性の写真を持ってこられて、私も怖くなって逃げました（会場笑）。

それで終わらず、実家にいろいろな物が送られてきて……。

大川紫央　えぇーっ⁉

釈量子　困り果てて、父にその写真を見せたところ、父が「これは駄目だ」と言いました（会場笑）。

そのあとは、幸福の科学の教えを伝道させていただき、それで「終わり」にしました。

ハートブレイク中に出合った信仰

大川紫央　釈さんは、十八歳の頃はどんな方だったのですか。

釈量子　高校三年生のときは、「弓」でちょっとハートブレイクでしたね。

大川紫央　ハートブレイクですか。

釈量子　当時は、弓道にすべてを懸けていたのですが、「夢破れた」というか、目標としていたインターハイに行けなかったために、精神的に非常に打撃を受けてしまったんです。ほかにもいろいろと悩みは尽きませんでしたね。

その後、大学に入り、二十歳のときに幸福の科学に出合っていますので、今思えば、あの頃がいちばん闇《やみ》の深いときで、地の底を舐《な》めるような日々だったかなと思います。

辛《つら》かったですねぇ。すみません、ちょっと仏教的な話になりますかね。

司会　そんな辛いときを救ったのが、幸福の科学の仏法真理だったということですね。

釈量子　はい。アルバイト先で、先輩から「心のなかに想念帯《そうねんたい》というのがあって、自分が思ったこと、行ったことは全部そこに記録されているんだよ」と、立ち話で聞いたのが最初です。私は、「そのとおりだ」と思いましたし、「このままいくと地獄行きだ」とも思いました。

そこで、「どうすればいいの？」と、その先輩にいろいろと話を聞くうちに、『太陽の法』（大川隆法《おおかわりゅうほう》著、幸福の科学出版刊）を頂いたのです。

私はそれを一晩で読み、「これは嘘《うそ》では書けない」と実感しました。それがきっかけで、信仰に出合いました。

『太陽の法』

大川紫央　大川隆法総裁の書籍は数多く出ていますが、どれも合理的で、理論的で、かつ、心に響き、嘘では書けない本ばかりですよね。

釈量子　紫央総裁補佐は、無人島に行くと仮定して、「一冊だけ本を持っていってよい」と言われたら、何を持っていきますか。

大川紫央　うーん……。私は『仏陀《ぶっだ》再誕』（大川隆法著、幸福の科学出版刊）かな。

釈量子　ああ！　素晴らしいですね。
私は『太陽の法』かなと思います。どちらも、「無人島の一冊」にふさわしい本ですね。

大川紫央　そうですね。

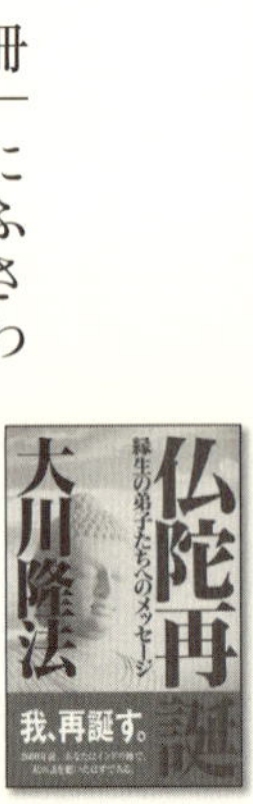

『仏陀再誕』

「信仰がない自分」にトライしてみた

司会　お二人の話を伺っていて、「宗教を学んでいる女性には、〝自分の息子と結婚させたい〟ぐらいの魅力があったり、人格的にも素晴らしいところがあったりするのだな」ということを垣間見《かいまみ》させていただきました。

ところが、世間にはまだまだ、「宗教はちょっと怖い」「宗教政党はちょっと怖い」というように思っている方もいるのではないでしょうか。

そこで、お二人の言葉で、宗教の素晴らしいところや、「どうして幸福実現党のような宗教政党が必要なのか」というところをお聞かせいただきたいと思います。

釈量子　だって、「幸せ」ですよね（笑）。

大川紫央　そうですよね。

釈量子　ですよね？

大川紫央　私の場合、両親が幸福の科学の会員だったので、幼い頃から幸福の科学の教えを信じていましたが、自分としての信仰が確立したというか、信仰に本当に目覚めたのは、親元から離れて大学生活を送り始めた十八歳の頃だったと思います。

実は、大学時代にトライしてみたことがあるんです。「信仰をなくしたら、どういう自分になるか」と。

釈量子　それはかなり深い話ですね。

大川紫央　私は自分から求めて信仰に出合えたわけではないので、幸福の科学の学生部で活動をしているとき、「もし、違う親のもとに生まれていた場合、自分はこの教えに触れて、信仰をつかむことができただろうか」と、ちょっと疑問に思ったんです。

そこで、「信仰心がないパターンの自分になったときはどうなるのか」という生活を試みてみたのですが、やはり、「自分にとって、信仰は切っても切り離せないものだ」ということを確信しました。

信仰は私にとって大切なものです。

人間はなぜ尊いのか

大川紫央　「人間はアメーバから進化してきたもので、死んだら終わる」と言われたら、努力する意味もないですし、生きる意味も分からないですよね。「そういう考えが科学的だ」と言う方もいますが、その根拠が分かりません。やはり、「人は創られた存在である。生きとし生けるものすべて、創られたる存在である」と考えたほうが、よほど世界は合理的に動くと思いました。

人間を見ても、人種がたくさんあるし、動物を見ても、例えば、鳥というカテゴリーのなかだけでも、多くの種類があるではないですか。「偶然的にそれだけの種類に分かれて、進化する」という理屈がどうしても腑《ふ》に落ちなかったんです。

釈量子　神様がいろいろな鳥を〝こねて〟創られたということですよね。

大川紫央　想像はつきますよね。人間を含め、いろいろな動物を、愛しながら生んでくださったのだろうと思います。

釈量子　「万象万物は、アメーバから偶然的に進化したものではなく、すべて神によって創られた存在である」という考え方は、現代日本の抱えている政教分離の問題にもかかわってくると思います。

　政治に限らず、すべてのものを宗教と分離してしまうと、「人間がなぜ尊いのか」という根源的な問いに答えることができません。人間の尊厳の根拠がまったく示せないんですよ。

大川紫央　そうですね。人間は神によって創られたのであり、それゆえ、すべての人が神の子としての本質を持っているということが、人間の尊厳の根拠にあります。

　ところが、いくら学校の道徳の時間に、「差別はいけない」とか「人間の命は尊い」と教えても、宗教心を持っていない教師の場合、おそらく、「それはなぜか」という疑問には答えられないと思うんです。

私たちの生き方を見てほしい

釈量子　話を少し戻しますと、「幸福実現党はなぜ必要なのか」について論理的に説明することも大切だと思っていますが、私は何よりも、「私たち信仰者一人ひとりの生き方を見ていただきたい」という気持ちを持っています。

「幸福実現党の人は本当に生き生きしていて、幸せそうね」ということをよく言われるのですが、やはり、心が穏やかで丸くなったときの幸福感とか、生きる意味を知り、生きがいを持って人生を送ることができることとか、こうしたものは、何とも言えない幸福ですよね。

心の修行が深まれば深まるほど、何とも言えない幸福感に満たされます。これは仏教的に言うと、仏陀の説かれた「涅槃《ねはん》の境地(※)」でもあります。

この〝有無《うむ》を言わさぬ〟幸福感を感じていただくと、宗教に対する見方も変わってくるのではないかと思います。

それから、何よりも、幸福実現党の母体である幸福の科学は「仏性《ぶっしょう》(※)相等《あいひと》しい」という価値観を持ち、慈悲と寛容を謳《うた》っている宗教ですので、一人ひとりの個性をそのまま受けとめます。ですから、人種差別などは一切ありません。その根拠に、幸福の科学の教えは、全世界百カ国以上に広がっています。

※煩悩の炎を吹き消した、平和な境地。

※すべての人が、心の内に有している、仏の子としての性質。

大川紫央　そうですね。人種差別はないですね。

釈量子　世間では、たまに、朝鮮の血が流れている人はどうだとか、黒い肌の人はどうだとか言う人もいますが、幸福の科学および幸福実現党には、そういったことが一切ありません。

大川紫央　むしろ、何をもって、そういう差別的なことを言うのかが分からないですよね。

釈量子　分からないですね。そのくらい私たちは、世界的な人間観、普遍的な人間観を持っています。こうした宗教的な知見《ちけん》に立った上で、いろいろなことを訴えているので、このあたりをご理解いただきたいと思います。

コラム by 釈

『太陽の法』と『仏陀再誕』

二十歳のときに初めて手にした大川隆法総裁の著作が、『太陽の法』でした。またほどなく、『仏陀再誕』にも出合いました。当時は角川文庫からも発刊されていたのですが、学生時代に読んだこの二冊が、今まで感じたことのない人生最大の衝撃を与えたのです。

『太陽の法』は、一行たりとも読み飛ばせない真理の塊《かたまり》です。「なぜ人間が存在するのか」「なぜ地球が存在するのか」「なぜ宇宙が存在するのか」といった秘密が解き明かされていて、この一冊を読むと、壮大な宇宙が心いっぱいに広がっていくのです。

また、「愛の本質とは与えること」「悟りとは仏に近づいていくこと」といった人類普遍の真理が、体系的に説かれています。キリスト教的西洋思想と仏教的東洋思想を融合できる架け橋ともなっています。一日でも、一時間でも早く紐解《ひもと》くことをお勧めいたします。

『仏陀再誕』は、当時、四畳半《よじょうはん》の自分の部屋で初めて読み、なぜか懐かしさに胸の鼓動が止まらなくなった書籍です。溢《あふ》れる涙をどうすることもできなかったことを今でも覚えています。まるで二千六百年前に生まれ、仏陀の説法を聞いているかのような感覚に包まれたのです。つまり、かつて「釈尊」として生まれた方が、再び現代に生まれ、「人生とは何か」「人はどう生きていくべきか」を教えてくださっているのだという証明の本です。

心の幸福を最も究《きわ》めた仏陀なら、今を生きる私たちに何を語ってくださるのでしょうか。ぜひ、あなたの心で確かめてみてください。

第5章

幸福実現党はここが違う！

夢のある政策を次々と打ち出したい

司会　「自由の価値観」を大切にしている幸福実現党ですが、政権を取ったときに日本はどうなるのか、また、世界はどうなっていくのか、その展望を釈党首に伺いたいと思います。

釈量子　紫央総裁補佐は、「ドラえもん」がお好きだと聞いておりますが。

大川紫央　はい。

釈量子　「ドラえもん」の歌に、あんなことできたらいいなというような歌詞が出てきますが、本来、政治とは夢を叶《かな》えるものであると思うんです。

最近、若い人のなかには、「そんなことを言っても、夢を叶えるなんて無理だね」と、斜《しゃ》に構《かま》えた考え方をする人が増えていると聞いていますが、私は「夢の実現」をやってのけたいんです。個人の人生でも、心に描いた小さな夢や希望を実現したことのある人は、「〝思い〟の力で環境は変わる」、また、「世の中は変えられるんだ」という確信が持てると思うんです。そうしたら、未来にもっともっと希望が湧《わ》いてくるのではないでしょうか。

「幸福実現党が政権を取ったら、どうなるのか」というご質問ですけれども、幸福実現党の政策は、実際に政権を取らないことにはできないような大きな政策ばかりです。

大川紫央　確かにそうですね。

司会　例えば、どのような政策があるでしょうか。

釈量子　若い人に人気ナンバーワンの政策は、「世界リニア構想」です。民主化後の北朝鮮や中国とも協力して、海底トンネルで九州と朝鮮半島を結び、中国までリニアを通します。さらに、インド、南西アジア、ヨーロッパへと伸ばし、ドーバー海峡を通ってイギリスへ、また、北欧、ロシア、北方四島などを結び、ユーラシア大陸をぐるっと一周するという構想です。

大川紫央　壮大な構想ですね。

釈量子　さらに考えているのが、スペースシャトルのような再利用型有人宇宙船を国産化して、日本とアメリカ・ヨーロッパを片道二時間で結ぼうという政策です。

あるいは、すでに現実化している「植物工場」を、さらに開発・普及させて、農業の生産性を飛躍的に向上させようという政策もあります。

エネルギー政策では、今、「水素ステーション」（※）を全国各地につくる話が出ていますが、幸福実現党では、原発の安全性を高めて原子力エネルギー

※二酸化炭素を排出しない、水素を燃料とする燃料電池自動車のための水素供給施設。

の利用を推進しつつ、メタンハイドレートや地熱、海洋温度差や潮力、重水素による核融合など、新しいエネルギーの研究開発や実用化を推進するという政策を打ち出しています。

こうした新しいものにチャレンジしていく政策を幸福実現党は持っています。今後も、夢のある政策をどんどん打ち出していきたいです。

また、幸福実現党は大きな器《うつわ》となって、いろいろなものを受け入れていきたいと思います。

「幸福実現党は単なる一宗教の代弁者ではないか」というイメージを持つ方がいますが、そんなことは決してありません。いろいろな方の良心や「国をよくしたい」という善なる思いを、大いなる〝うねり〟に変えていけるような「大きな器」になりたいと思っています。

本来、政治家も聖職者

大川紫央　私は、政治家という職業は「聖職者の一つのスタイル」だと思っています。

釈量子　ありがたいお言葉です。

大川紫央　宗教家はもちろん、学校の先生も聖職者といわれる職業だと思いますが、政治家も聖職者の一つだと強く思います。

政治家は国民のリーダーであり、国民の模範《もはん》となるような存在でもあります。また、その判断一つで多くの人々の幸不幸が分かれるという、非常に責任重大な仕事であると思います。

しかし、現代は、政治というと、お金や権力がいろいろと錯綜《さくそう》した穢《けが》れた世界という印象を受けます。

ただ、日本は古来、祭政一致《さいせいいっち》の国です。宗教家が神仏の心を伝え、その神仏の心の下《もと》、人々が幸せに暮らせる世の中を現実につくるのが政治家だと思うので、「政治家は聖職者である」という考えを持った方に政治家になってほしいです。そうなれば、日本はもっと幸せになると思います。

釈量子　今の若い人たちは、政治に対して嫌悪《けんお》感を抱《いだ》くこともあるのではないかと思います。実は、かつての私自身もそうでした。

私は、「宗教の道に入れば、とことん純粋に、真っ直《す》ぐ、きれいな心で貫ける」と思って、出家(※)したんです。その後、幸福実現党の党員になって政治の世界に入りましたが、だからといって、「宗教の道を捨てなければいけない」というものではないと思っています。

宗教家も政治家も幸福の実現を目指しており、目的はまったく同じです。ですから、私は、「宗教家でありつつ、政治家でもある」という生き方をしたいと思っています。そうして、若い人から「憧《あこが》れる職業」と言われるよ

※幸福の科学の職員になること。

うになりたいです。

大川紫央　本来、政治家は人から憧れられる職業だと思いますし、若い人たちが憧れるような方が政治家になる社会になっていくといいなと思います。

釈量子　私もそのような人間になれるよう、頑張りたいと思います。

「地球は一つになれるか」が問われる時代

司会　幸福実現党は政権に入ることを目指していますし、「ゆくゆくは釈党首に日本初の女性総理大臣になってほしい」という支持者の声もたくさん頂いております。一方で、いざ、そうなったとき、日本の国民すべてが幸福の科学に帰依《きえ》しなければいけないのではないかと思っている方もいらっしゃるようです。

日本には、仏教徒やクリスチャン、ムスリムなど、それぞれの信仰をお持ちの方がいますが、そうした方々は、「幸福の科学に改宗しなければならないのか」という不安をお持ちになるかもしれません。この点についてはいかがでしょうか。

釈量子　例えば、坂本龍馬《さかもとりょうま》だったら、そういう質問には、「ちんこい、ちんこい（小さい、小さい）」と言われるのではないでしょうか。

大川紫央　（笑）そうかもしれませんね。

釈量子　幸福の科学は、そんな小さいところではないですよね。

大川紫央　ええ。

釈量子　まず、幸福の科学の中身を見ていただきたいと思います。世界宗教の教えはさまざまに遺《のこ》っていますが、仏陀《ぶっだ》、イエス・キリスト、孔子、ソクラテスの「四聖《しせい》」の教えに通じるものが、幸福の科学には流れています。ですから、今、他の信仰をお持ちの方は、そのままその信仰を持ちながら、幸福の科学と調和していただけるものだと信じています。

幸福実現党が立党された背景には、「マルクスの『共産党宣言』を永遠に葬《ほうむ》り去りたい」という願いもあります。

マルクスの『共産党宣言』によって、無神論・唯物論国家ができ、暴力革命や粛清などによって、人類は百五十年以上苦しんできました。それに対して、私たちは、神仏の存在を認め、仏法真理を信じる人々の力を結集して、地上にユートピアを建設する運動を起こそうと宣言したのです。

ほかの信仰を持たれる方でも、この願いに賛同される方は、ぜひ一緒に立ち上がっていただきたいと思います。

大川紫央　当会には、仏陀の教えも、イエス・キリストの教えも、ムハンマドの教えも流れていますので、仏教徒の方でも、キリスト教徒の方でも、イスラム教徒の方でも、その信仰をお持ちのまま当会に集っていただけるような器と体制はできていますよね。

釈量子　これからの時代のテーマは、「地球は一つになれるかどうか」ということだと思います。そして、さまざまな民族や人種の違いを超えて、価値観や宗教観の違いを超えて、地球が一つになる思想を出せる方というのは、今の時代には、大川隆法《おおかわりゅうほう》総裁をおいてほかにはいらっしゃらないのです。「そうした思想を出せる方が今の時代におられるのだ」ということを人類は見抜かなければいけないと思います。

大川紫央　同時代にそれを見抜くというのは、実は、難しいことなのかもしれません。

救世主の存在に気づけるかどうか

大川紫央　先日、イエス・キリストがこの世に生まれて十字架に架けられるまでの一生を描いた映画が日本で公開されました。

釈量子　アメリカ映画の「サン・オブ・ゴッド」ですね。

大川紫央　この映画では、イエス・キリストという救世主が生きている時代に、その存在に気がつかない人たちの姿が描かれていましたが、今の日本と重なり合う部分がかなりあるなと思いました。

同時代に救世主の存在を見抜くというのは……。

釈量子　難しいということですね。

大川紫央　ただ、後世になると気づくではありませんか。過去を見ると、いつも、そういう歴史を繰り返しているので……。そこが歯がゆいところではあります。

釈量子　しかし、歴史的には、救世主はいつも自ら「われはそれなり」と名乗られます。それ以外はありません。イエスがそうでしたが、インドに生まれた釈尊もそうでした。修行によって悟りを開かれたあと、五人の仲間の修行者たちに「自分は目覚めたる者、仏陀である」と宣言して、彼らを最初の弟子にしています。世界宗教になってから追認されたのではなく、最初の段階から仏陀であることを宣言しているのです。

常識的に考えれば、ありえない話でしょう。しかし、世界宗教においては、そういう存在が数千年に一度、誕生するものなのです。

先ほどお話しした通り、私も二十歳まで信仰は持っていませんでした。実は、最初に先輩から『太陽の法』を頂いたときは、「宗教なんて」と思って、お返ししたのですが、その方がまた声をかけてくれたのです。それで、頂いて読んで、「ああ、なるほど！」と思ったのが、幸福の科学との最初の出合いでした。

紫央総裁補佐が先ほど、「無人島に持っていくなら」の一冊に挙げられた『仏陀再誕』を読んだときは、「諸々《もろもろ》の比丘《びく》、比丘尼《びくに》たちよ。私の声を憶《おぼ》えているか」という出だしのところで、私は畳《たたみ》に額《ひたい》をすりつけて号泣してしまいました。思わず、「ただいま参ります」と言葉にした覚えがあります。おそらく幸福の科学の信者のみなさんも、そのような思いを持たれたことがあるのではないでしょうか。

大川紫央　そうですね。

釈量子　そういうご存在が、今、同時代にいらっしゃるということを、ぜひとも見抜いていただきたいと思います。

大川紫央　「世界史」の教科書には、「オルレアンの少女ジャンヌ・ダルクが神の声を聞き」と書かれています。教科書ですら、「神の声を聞いて」と記述しているんですよ。

釈量子　フランスの教科書ですか。

大川紫央　いえ、日本の教科書です。「神の声」という言葉がきちんと入っているんです。

当時、神の声はジャンヌ一人にしか聞こえていませんでした。周りの人は誰も聞くことができなかった。その内なる声を聞いて、ジャンヌは一人立ち、フランスを救いました。そのお陰で、フランスという国が今もあるわけですよね。

でも、今は、神の声が聞こえる人は一人ではありません。大川隆法総裁の説法を聞いたり、本を読んだりしている人は、全国・全世界を見渡せば、億の単位でいます。それだけ多くの人が神の声を聞いているのです。

それを思うと、私たちはもっともっと頑張らなければいけないと思います。

目指せ、政界の横綱・白鵬関《はくほうぜき》!?

釈量子　宗教の本質は愛であり、感動であると思うので、私も裸《はだか》一貫でぶつかっていくような気持ちでいます。とにかく、「政治は〝相撲《すもう》〟だ」と思っています（会場笑）。

大川紫央　（笑）相撲ですか？

釈量子　相撲です。廻《まわ》しを締めて、裸一貫でバーン！と。そういうイメージをいつも持っています（会場笑）。

大川紫央　釈さんには、ぜひ政界の横綱・白鵬関《はくほうぜき》を目指していただきたいと思います（笑）。史上最多優勝ですから。

釈量子　白鵬関は神がかった雰囲気を持っていますよね。三十二回目の優勝をしたとき、白鵬関は「相撲の神様が認めてくれた」と言っていました。

　そのように、この世ならざるものを感じて涙を流すなど、神秘的な瞬間を多くの方に体験していただきたいと思います。

　そのために、私たち幸福実現党は、自らの言魂《ことだま》で有権者のみなさんの魂《たましい》を揺さぶり、心の奥に情熱の火を点《つ》けるような、「チャッカマン（点火棒ライター）」のような政党になっていきたいと思っています。

日本を「太陽の昇る国」に

司会　幸福実現党は、母体が宗教法人・幸福の科学ということで、いろいろな宗教を包含《ほうがん》した思想がバックにあるところも、大きな特徴であると思います。

今、イスラム国問題などで世界は揺れていますが、今後、幸福実現党は国際社会でどのような役割を果たしていくことができるでしょうか。これは、日本そのものの役割と言ってもよいかもしれませんが。

釈量子　今回、『太陽の昇る国』という本を出させていただきましたが、日本は本当に「太陽の昇る国」です。今、仏法真理の太陽が、日本から昇っているんです。この太陽は世界を照らすことができます。日本はそのような本当に素晴らしい国なのです。この国の尊さを世界に伝えたいです。

まさに国際社会のなかで、太陽としての役割を果たしたいのです。

例えば、イスラム教徒とキリスト教徒の間に立って、両者が手を握り合う時代をつくってみたいのです。中国で起きている民主化運動が、中国人が幸福になる方向で開花するようにしたいのです。

日本を、世界の人々に希望を与えるリーダー国として、世界から「あんな国になりたい」「できれば私も日本人になりたい」と願われるような国にしたいのです。

そして、日本の若者たちは、世界中を飛び回って、「日本が大好きだ」という若者を世界中にたくさんつくってほしいのです。

日本は世界のなかで輝く国です。世界のなかで輝くことが使命だと思います。それができる唯一の国です。私は何が何でも、日本を「太陽の昇る国」にしたいと思っています。

日本なら、キリスト教国とイスラム教国を仲介《ちゅうかい》できる

大川紫央　中国は、全体主義というか、国民の自由がほとんどないような国ですよね。

釈量子　習近平《しゅうきんぺい》体制になってから、ますます自由に対する規制が多くなってきて、厳しくなっています。

大川紫央　そういう国も問題があると思いますが、もう一方で、先ほども少し話題にあがったイスラム国に関する問題もあります。今、西洋諸国の個人主義や自由という価値観が、イスラム教の国々にかなり流れ込んできつつあると思います。

イスラム国は、イスラム教のなかでも、かなりの過激派だと言われていますが、私には、イスラムの教えや戒律や習慣に対して非常に従順な人たちが、

西洋化の流れに最後の抵抗をしているようにも見えるのです。あまりにも西洋化されすぎると、イスラム教の純粋なところを守りきれなくなるために、今、戦いをしているのではないかと思います。

ですから、日本が、もう一段、「信仰とは何か」というところを踏まえた上で政治的な判断ができるようになれば、西洋のキリスト教国と中東のイスラム教国の間に入って、紛争の仲介役《ちゅうかい》ができるのではないかと感じます。

釈量子　そうですね。

明治時代、日露戦争で日本が、白色人種で巨大なキリスト教国ロシアに勝ったとき、イスラム教国、特にトルコなどは、日本を絶賛しました。日露戦争で戦った東郷平八郎元帥《とうごうへいはちろうげんすい》や乃木希典《のぎまれすけ》大将にちなんで、イスタンブールの通りに「東郷通り」や「乃木通り」と名づけたぐらいです。また、「明治天皇をカリフ（※）にしよう。そうすれば、イスラム諸国は強くなる」というような言葉を遺しているイスラム教徒の方もいます。イスラム教徒から見ると、

※ムハンマドの代理人としての政治的・宗教的指導者。

日本にはとても理解しやすいところがあるようです。

紫央総裁補佐がおっしゃったように、地球規模で見たとき、今、イノベーションの時期を迎えているのは確かだと思いますが、西洋諸国のような、一方的な押し付け主義でいくと、国によっては、「余計なお世話だ」という感じになってくるのかもしれません。

大川紫央　大川隆法総裁は、「アメリカは国の歴史がまだ浅いため、哲学の部分が薄く、価値観としてはプラグマティズム（実用主義哲学）しかない。それでもって問題を解決しようとしているけれども、その奥に目的がない」というようなことをおっしゃっています。

確かに、自由主義という西洋化の流れは、自由の創設を願う私たちと合致しているし、自由の下《もと》で個人が成長していくことは大変素晴らしいことだと思います。

ただ、あまりにも個人の自由主義がいきすぎると、唯物論的な人命第一主義になることもあります。

命はもちろん尊いものですが、「この世の命よりも尊いもの（信仰）がある」というのが私たち信仰者の立場でもあるので、西洋諸国の価値観だけに呑《の》み込まれてもいけないところはあると思います。それは、世界的にも言えるでしょう。

一方、日本は、「西洋文化」と「中国やインドから来た東洋文化」の両方を併《あわ》せ持つ国なので、日本なら、イスラム教国とキリスト教国の橋渡しもできると思います。

また、日本は古来、外国の文化を取り入れながらも独自の文化を築いてきました。今、それが世界から称賛を集めていますので、そうした日本の文化を〝輸出〟していくことで、もっと世界に貢献できる国になるのではないでしょうか。

幸福実現党の政策は、「人を生かす」政策

司会　ここまで釈党首のプライベートな話から、宗教の話、自由の創設という話、時事的な問題まで、いろいろなお話を伺いました。

最後に、紫央総裁補佐から読者の方々に、メッセージを頂ければと思います。

大川紫央　幸福実現党の政策は、「消費減税」「教育改革」「国防強化」という三つの大きな柱がありますが、どれも「人を生かす政策」ですね。「人の力を引き出したい」という考えが根本《こんぽん》にあって、そこから出てきている政策だと思います。

他の政党には、「何かを無償化する」など、耳あたりのよい政策がたくさんありますが、それらは、本当は人のやる気を損《そこ》なう政策です。みな、生きと自分の本来の力を出して、輝くことができるはずなのに、他の政党は、

２０１４年　衆議院議員総選挙

幸福実現党　主要政策

１．**消費減税**　消費税を「５％」に減税し、景気回復・経済成長を実現します。大減税・規制緩和で、民間の自由を拡大します。

２．**教育改革**　道徳・宗教・歴史教育の充実で、子供たちの心を育てます。国家管理型の教育行政を改め、自由で活力ある学校づくりを推進します。

３．**国防強化**　他国の侵略から、国民の生命・安全・財産と自由を守ります。日本が、アジアの自由化・民主化を促します。

（参照：幸福実現党ＨＰ）

それを押しとどめる方向の政策を出していると思います。

幸福実現党の政策は、一見すると耳あたりのよいことは言っていないかもしれません。しかし、実際にこれがなされると、国民一人ひとりが、自分の力をもっと引き出すことができ、やる気が満ち、「人のために何かしよう」と思えるようになると考えています。そうした精神的なものも入っているのです。

ですから、宗教政党だからといって、幸福実現党をバイアス（偏見）をかけて見ないでいただきたいです。世界や日本の情勢に対して、客観的に見ても、まともなことを言っている政党ですので、どうか一人でも多くの方に、この幸福実現党を知っていただきたいです。

また、幸福の科学では、仏国土ユートピア（※）建設ということが教えの一つの柱になっていますが、私たち信者は、お祈りのときに「仏国土ユートピアを建設したい」とお題目を唱《とな》えるようにただ言うだけではなく、実際にそれをしなければいけないのです。そこは、幸福実現党が主として担《にな》っていか

※仏の理想とされる世界。仏の法を学ぶ人たちのつくる、平和な社会。

なければいけないところでもあるかと思います。

釈量子　はい。そうですね。

大川紫央　私たちは、宗教として何ら間違ったことはしていません。後々《のちのち》、「幸福実現党があってよかった」と必ず思われるようになると思っています。私たち弟子が使命を果たさなければ、大川隆法総裁の使命も完遂《かんすい》しないので、厳しいときもあると思いますけれども、どうか信じて、ともに頑張ってまいりましょう。

本日はありがとうございました。

釈量子　はい。ありがとうございました。

あとがき

この度、大川紫央総裁補佐がベールの彼方《かなた》から、幸福実現党の〝応援団長風〟にご登場くださり、「対談」といううまたとない機会をいただきました。紫央総裁補佐には、心からの感謝でいっぱいです。本当にありがとうございました。

今回の対談は、私にとって大きな励ましになるとともに、未来への希望に溢《あふ》れたものになりました。私は、政治と宗教とが、人類を幸福にする両輪だと信ずるものです。このニッポンを覆う閉塞《へいそく》感を打ち破り、真に幸福な国にするためには、政界のしがらみや、戦後教育の影響、マスコミ世論など、既存の「常識」に負けることなく、政治と宗教が手を携えて、幸福という同じ目的に向かって突き進んでいかねばなりません。

対談で紫央総裁補佐が語られた内容は、本当に大切なことばかりでした。

「愛」や「自由」など、いわゆる〝永田町〟で語られるものではありません。しかし、若者や女性が普段、心に巡らせているのが、まさに結婚生活や恋愛、家族や職場の人間関係に関する「愛」の悩みごと、将来の職業の選択や会社の経営など「人生をどう拓《ひら》いていくか」という「自由」の問題です。政治に「愛」や「自由」が見えてこないから、政治に興味がないという人が増えているのではないでしょうか。

政治と宗教を無理に分けることなく、宗教が「幸福の実現」という政治の使命を思い出させ、政治が宗教の「信じる心」を尊重するという、新しい〝めおと関係〟が、既存の政治に新しい息吹を吹き込むことになるのかもしれません。

また、紫央総裁補佐からは、これまでの常識を覆《くつがえ》す〝一転語《いってんご》〟（考え方の転換を促す言葉）をたくさんいただきました。「政治家も一つの聖職」など、カネや利権の話題ばかりの日本の政界にとっては、天地がひっくり返るような考え方かもしれません。しかし、「首相」を意味する英語の「プライム・

ミニスター」の“minister”には、「聖職者」という意味もあります。日本で政治に携わる人間のことを、若者が憧《あこが》れ、尊敬する日が来たなら、まさに時代は逆転したと言えるでしょう。

さあ、いよいよ新しい国づくりの時です。

この国の歴史を振り返ってみても、価値観が根底からひっくり返るような大きな変革期は幾度もありました。鎌倉期、貴族文化が退廃していくなかで武家政権が開かれ、その後、元寇《げんこう》に立ち向かう力になりました。江戸末期には、薩長《さっちょう》同盟という日本を一つにまとめる大きな器《うつわ》が、明治維新を成就させました。いずれも、時代の延長線上にはない、もう一つ上位の理念を掲げて、常識の谷を飛び越えた一群の人間たちが、力を合わせて行動することで、時代を転換させてきたのです。

本年は、戦後七十年の節目の年。二〇一五年こそ、新しい国づくりが本格的に始まった年だったと、後世の日本人から言われるような活動を展開していきます。

その第一歩が、歴史の検証です。まず、自虐史観を一掃しなくてはなりません。先の大戦は侵略戦争ではなく、防衛戦争でした。アメリカに敗れはしたものの、アジアの同朋《どうほう》を欧米列強の白人優位思想から解放する聖なる戦いだったのです。しかも、日本のすごいところは、その後、かつての敵国であったアメリカに対しても、潔《いさぎよ》く優れたところを認め、恨むことなく建設的な同盟関係を築いたことです。

そして次に、私たちは、未来への構想を明らかにしていこうとしています。新しい国の姿を具体的に表すものとして、幸福実現党は、二〇〇九年の立党時から大川隆法《おおかわりゅうほう》総裁の「新・日本国憲法 試案」（142ページ参照）を掲げています。やはり行き着くのはここです。この十六条をもとに、この日本の国家理念を考え、未来を描いていこうと思っています。聖徳太子《しょうとくたいし》の十七条憲法を超え、末永く人類に愛される憲法になると確信しています。

すべての人は神の子、仏の子としての本質を持って、かけがえのない存在として尊重され、日本の繁栄の主役になるべく生まれてきたのです。

「この国に生まれ、この時代に生まれて本当によかった」と心の底から喜べる国、日本。すべての人の人生が祝福される国、日本。世界と未来を明るく照らす太陽のような徳の国、日本――。そんな新しい国づくりに、お一人でも多くの皆様のご賛同を、お待ち申し上げる次第です。

最後に、温かくお見守りくださり、今回の対談をお許しくださいました幸福実現党の父・大川隆法総裁に、心からの感謝を申し上げます。

二〇一五年三月五日

幸福実現党党首《こうふくじつげんとうとうしゅ》　釈量子《しゃくりょうこ》

大川隆法 **新・日本国憲法 試案** 二〇〇九年六月十五日

前　文　われら日本国国民は、神仏の心を心とし、日本と地球すべての平和と発展・繁栄を目指し、神の子、仏の子としての本質を人間の尊厳の根拠と定め、ここに新・日本国憲法を制定する。

第一条　国民は、和を以て尊しとなし、争うことなきを旨とせよ。また、世界平和実現のため、積極的にその建設に努力せよ。

第二条　信教の自由は、何人に対してもこれを保障する。

第三条　行政は、国民投票による大統領制により執行される。大統領の選出法及び任期は、法律によってこれを定める。

第四条　大統領は国家の元首であり、国家防衛の最高責任者でもある。大統領は大臣を任免できる。

第五条　国民の生命・安全・財産を護るため、陸軍・海軍・空軍よりなる防衛軍を組織する。また、国内の治安は警察がこれにあたる。

第六条　大統領令以外の法律は、国民によって選ばれた国会議員によって構成される国会が制定する。国会の定員及び任期、構成は、法律に委ねられる。

第七条　大統領令と国会による法律が矛盾した場合は、最高裁長官がこれを仲裁する。二週間以内に結論が出ない場合は、大統領令が優先する。

第八条　裁判所は三審制により成立するが、最高裁長官は、法律の専門知識を有する者の中から、徳望のある者を国民が選出する。

第九条　公務員は能力に応じて登用し、実績に応じてその報酬を定める。公務員は、国家を支える使命を有し、国民への奉仕をその旨とする。

第十条　国民には機会の平等と、法律に反しない範囲でのあらゆる自由を保障する。

第十一条　国家は常に、小さな政府、安い税金を目指し、国民の政治参加の自由を保障しなくてはならない。

第十二条　マスコミはその権力を濫用してはならず、常に良心と国民に対して、責任を負う。

第十三条　地方自治は尊重するが、国家への責務を忘れてはならない。

第十四条　天皇制その他の文化的伝統は尊重する。しかし、その権能、及び内容は、行政、立法、司法の三権の独立をそこなわない範囲で、法律でこれを定める。

第十五条　本憲法により、旧憲法を廃止する。本憲法は大統領の同意のもと、国会の総議員の過半数以上の提案を経て、国民投票で改正される。

第十六条　本憲法に規定なきことは、大統領令もしくは、国会による法律により定められる。

以上

『いい国つくろう、ニッポン！』参考文献

大川隆法著『幸福実現党宣言』（幸福の科学出版刊）
大川隆法著『政治の理想について』（同右）
大川隆法著『パラオ諸島ペリリュー島守備隊長 中川州男大佐の霊言』（同右）
大川隆法著『太陽の法』（同右）
大川隆法著『仏陀再誕』（同右）
大川隆法著『猛女対談 腹をくくって国を守れ』（幸福実現党刊）
釈量子著『太陽の昇る国』（同右）
釈量子著『命を懸ける』（同右）
池間哲郎著『日本はなぜアジアの国々から愛されるのか』（育鵬社刊）
井上和彦著『日本が戦ってくれて感謝しています』（産経新聞出版刊）

いい国《くに》つくろう、ニッポン！

2015年 4月10日　初版第1刷

著　者　大《おお》川《かわ》紫《し》央《お》
　　　　釈《しゃく》　量《りょう》子《こ》

発　行　幸福実現党
〒107-0052　東京都港区赤坂2丁目10番8号
TEL(03)6441-0754
http://hr-party.jp/

発　売　幸福の科学出版株式会社
〒107-0052　東京都港区赤坂2丁目10番14号
TEL(03)5573-7700
http://www.irhpress.co.jp/

印刷・製本　株式会社 東京研文社

落丁・乱丁本はおとりかえいたします

ISBN 978-4-86395-661-2 C0030

写真：©Raura - Fotolia.com、©yayoicho - Fotolia.com

幸福実現党宣言シリーズ・新たな国づくりが始まった

幸福実現党宣言

この国の未来をデザインする

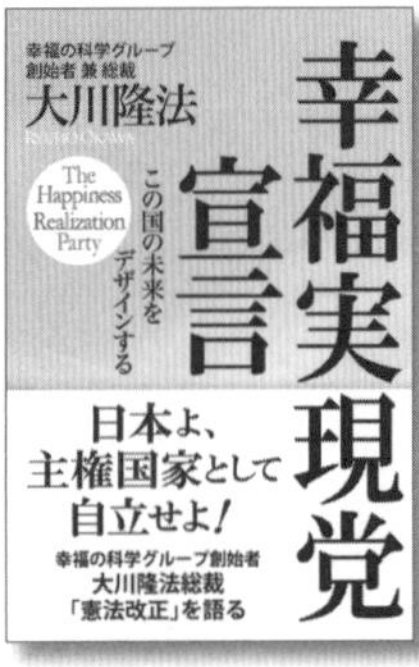

政治と宗教の真なる関係、「日本国憲法」を改正すべき理由など、日本が世界を牽引するために必要な、国家運営のあるべき姿を指し示す。

1,600円

政治の理想について

幸福実現党宣言②

幸福実現党の立党理念、政治の最高の理念、三億人国家構想、食料増産、交通革命の提言など、この国と世界を繁栄に導く未来ビジョンを語る。

1,800円

新・日本国憲法 試案

幸福実現党宣言④

大統領制の導入、防衛軍の創設、公務員への能力制導入など、日本の未来を切り開く「新しい憲法」を提示する。試案と解説を一冊に収録。

1,200円

※表示価格は本体価格(税別)です。

大川隆法ベストセラーズ・幸福実現党の目指すもの

政治革命家・大川隆法

幸福実現党の父

未来が見える。嘘をつかない。タブーに挑戦する——。政治の問題を鋭く指摘し、具体的な打開策を唱える幸福実現党の魅力が分かる万人必読の書。

1,400円

政治と宗教の大統合

今こそ、「新しい国づくり」を

国家の危機が迫るなか、国難到来を訴えた幸福実現党。全日本国民に向けて、政治に宗教が必要な理由を説き、「根本的な国づくり」の必要性を訴える一冊。

1,800円

宗教立国の精神

この国に精神的主柱を

なぜ国家には宗教が必要なのか？　政教分離をどう考えるべきか？　宗教が政治活動に進出するにあたっての決意を、幸福実現党創立者が自ら表明する。

2,000円

大川隆法ベストセラーズ・自由の大国をつくれ

自由を守る国へ

国師が語る
「経済・外交・教育」の指針

アベノミクス、国防問題、教育改革……。国師・大川隆法が、安倍政権の課題と改善策を鋭く指摘！　日本の政治の未来を開く「鍵」がここに。

1,500円

自由の革命

日本の国家戦略と世界情勢のゆくえ

「集団的自衛権」は是か非か!?　アベノミクス失速で日本経済の未来は？　混迷する国際社会と予断を許さないアジア情勢。今、日本が取るべき国家戦略を緊急提言！

1,500円

「集団的自衛権」は
なぜ必要なのか

日本よ、早く「半主権国家」から脱却せよ！激変する世界情勢のなか、国を守るために必要な考え方とは何か。この一冊で「集団的自衛権」がよく分かる。【幸福実現党刊】

1,500円

※表示価格は本体価格（税別）です。

大川隆法霊言シリーズ・日本の誇りを取り戻せ

パラオ諸島ペリリュー島守備隊長
中川州男大佐の霊言
隠された“日米最強決戦”の真実

アメリカ軍の本土上陸を思いとどまらせた「ペリリュー島の戦い」とは!? 大東亜戦争の歴史の真実と「神の正義」を多角的に検証する。

1,400 円

南京大虐殺と従軍慰安婦は本当か
南京攻略の司令官・松井石根大将の霊言

自己卑下を続ける戦後日本人よ、武士道精神を忘れるなかれ! 南京攻略の司令官・松井大将自らが語る真実の歴史と、日本人へのメッセージ。

1,400 円

天に誓って「南京大虐殺」はあったのか
『ザ・レイプ・オブ・南京』著者アイリス・チャンの霊言

謎の死から10年、ついに明かされた執筆の背景と、良心の呵責、そして、日本人への涙の謝罪。「南京大虐殺」論争に終止符を打つ一冊!

1,400 円

公開霊言シリーズ・イスラム国問題を考える

イスラム国“カリフ”バグダディ氏に直撃スピリチュアル・インタビュー

「イスラムの敵になることを日本人は宣言した」――。「イスラム国」が掲げる「正義」の真相を徹底解明。日本と世界は、これにどうこたえるのか?

1,400円

ムハンマドよ、パリは燃えているか。
―表現の自由vs.イスラム的信仰―

「パリ新聞社襲撃テロ事件」の発端となった風刺画は、「表現の自由」か“悪魔の自由”か？　天上界のムハンマドがキリスト教圏に対して徹底反論。

1,400円

スピリチュアル・エキスパートによる徹底検証
「イスラム国」日本人人質事件の真相に迫る

里村英一・綾織次郎 著

日本人二人が犠牲となった事件は、「大量虐殺」の引き金だった？　「欧米の正義」と「イスラムの正義」の狭間で、日本が選択すべき未来とは。

1,400円

※表示価格は本体価格（税別）です。

幸福実現党シリーズ

太陽の昇る国

日本という国のあり方

釈量子 著

幸福実現党党首が、9名との対談を通して日本の未来を描く。混迷する日本を打開する「知性」「志」「行動力」が詰まった一冊。特典DVD付き。【幸福実現党刊】

1,200円

命を懸ける

幸福を実現する政治

釈量子 著

アベノミクス、国防問題、教育改革……なぜこれらに限界が見えてきたのか。この真実を知れば、幸福実現党が戦い続ける理由が分かる。【幸福実現党刊】

1,100円

幸福実現党、かく戦えり

革命いまだ成らず

幸福の科学 第五編集局 編

2009年に立党以来の、国師・大川隆法の先見性と、現代の志士たちの闘いの記録。立党理念から具体的政策まで、幸福実現党のすべてを集約。【幸福実現党刊】

1,000円